J.-F. Mallet

SIMPLISSIME

W0465195

JEDES GERICHT UNTER 2€

DAS EINFACHSTE KOCHBUCH DER WELT

STUDENTENKÜCHE

EMF

EIN BUCH DER
EDITION MICHAEL FISCHER

M9

Wenn man als Student von zu Hause auszieht und in eine eigene Studentenbude zieht, kocht man nicht unbedingt jeden Tag selbst, vor allem wenn nur wenig (oder keine) Küchenausstattung vorhanden und der Platz knapp ist. Damit du nicht vor Hunger umkommst oder dich nur von Fertiggerichten (oder Müsli) ernähren musst oder dein schmales Budget für Fast-Food draufgeht, habe ich dir 100 superleichte und schnelle Rezepte zusammengestellt.

Mit einer elektrischen Kochplatte, einem Mini-Ofen oder einer Mikrowelle ist ohne zusätzliche Geräte vieles möglich. Du brauchst keine Waage, keinen Messbecher, kein Handrührgerät und keinen Mixer… Ein Glas und ein Löffel zum Abmessen, ein Messer und eine Schere zum Schneiden sowie eine Gabel zum Zerkleinern sind alles, was du benötigst. Was die Küchenausstattung betrifft, reichen eine Pfanne, eine Auflaufform, ein Topf und eine Schüssel.

Ich weiß auch, dass das Budget von Studenten sehr begrenzt ist. Daher habe ich außerdem darauf geachtet, dass die Gerichte nicht mehr als 2 Euro pro Portion kosten. Für jedes Rezept habe ich die Kosten berechnet, wobei ich den Mittelwert der Preise unterschiedlicher Marken zugrunde gelegt habe. Dennoch sind das nur Richtwerte, die je nach Geschäft, dessen Lage und Marken stark variieren können.

Zudem habe ich Wert darauf gelegt, dass es Gerichte für jeden Geschmack gibt, Fast-Food-ähnliche, solche mit Qualitätsprodukten und fettarme Speisen, aber auch traditionelle Gerichte wie von Zuhause – zum Beispiel Sauerkraut aus der Mikrowelle, Frikassee aus der Pfanne oder ein schneller Eintopf –, ebenso leichte und ausgewogene Gerichte.

Schließlich ist dieses Buch, genauso wie die anderen Titel der Reihe Simplissime, wie immer sehr benutzerfreundlich: ein bis fünf Zutaten pro Rezept, die leicht zu besorgen sind, meist an der nächsten Straßenecke, kein Einsatz von Technik und wenig Geschirr.

Jetzt wünsche ich dir noch einen guten Appetit.

GEBRAUCHSANWEISUNG

Für dieses Buch solltest du folgende Dinge zur Verfügung haben:

- fließendes Wasser
- Kühlschrank
- elektrische Kochplatte
- Mini-Ofen oder einen herkömmlichen Backofen
- Mikrowellenherd
- eine Bratpfanne und einen Topf
- ein Glas (ca. 100 ml Inhalt), Esslöffel und Teelöffel zum Abmessen
- eine Auflaufform für den Ofen
- Schüssel und Tassen (mikrowellengeeignet, das heißt kein Metall)
- scharfes Messer (sehr feine Scheiben kann man auch mit einem Cutter schneiden)
- Schere
- Backpapier und Frischhaltefolie
- Salz und Pfeffer
- Öl – am besten neutrales und Olivenöl

(Wenn du etwas davon noch nicht hast, könntest du dir das jetzt zulegen!)

Welche Zutaten sind unbedingt erforderlich?

- **4 einfache und schnell zubereitete Beilagen:** Kartoffeln, Reis, feiner Grieß (oder Couscous), Nudeln für die Mikrowelle.
- **Grundausstattung an Dosen und Gläsern:** Gemüse (z. B. Champignons, Ratatouille, Sauerkraut, Palmenherzen, Maiskörner), Hülsenfrüchte (z. B. Kichererbsen, Kidneybohnen, weiße Bohnen in Tomatensoße bzw. Baked beans), Fisch (z. B. Thunfisch im eigenen Saft, Ölsardinen), nicht zu vergessen die unverzichtbaren Tomatenkonserven (stückige Tomaten, geschälte Tomaten, pürierte Tomaten) und schließlich Kokosmilch.
- **Gewürze:** Currypulver (oder Colombo-Curry), Kreuzkümmel (ganz und gemahlen), Paprikapulver, Harissa, Ras-el-Hanout, Knoblauchgranulat …
- **Kräuter:** Frische sind besser, aber man kann (fast) immer auf getrocknete ausweichen.
- **Soßen:** Ketchup, Barbecue-Soße, Mayonnaise, Senf, Sojasoße …

Was sollte man vor allem bei kleinem Budget kaufen?

- **Fleisch:** Am besten kauft man Schweinefleisch (in allen Varianten) sowie Hackfleisch (z. B. vom Schwein oder Rind als fertiges Hacksteak) und helles Fleisch wie Hähnchen.
- **Frisches oder tiefgekühltes Gemüse:** Von frischem Gemüse sollte man immer saisonales kaufen. Und die Sonderangebote beachten!

Welche Handgriffe sollte man sich angewöhnen?

- **100-ml-Glas, Esslöffel und Teelöffel verwenden:** zum Abmessen der Mengen ohne Waage. Dazu vorab ein Glas mit mindestens 100 ml Inhalt bereitstellen und die 100-ml-Marke markieren – dann kann man damit auch feste Zutaten abmessen.
- **Kräuter mit der Schere schneiden:** Mit der Schere kann man sehr gut frische Kräuter schneiden, ohne sie zu beschädigen. Außerdem lassen sich damit auch Würstchen oder Frühlingsrollen in Stücke teilen sowie Pizzastücke in Rekordzeit servieren.
- **Einen Cutter verwenden:** Wenn du kein sehr scharfes Messer hast, schneide das Gemüse am besten damit in sehr dünne Scheiben.

Welche Temperatur?

- Beachte beim Kochen in der Mikrowelle die Hinweise des Herstellers (Gebrauchsanweisung) und verwende geeignetes Geschirr (Kunststoff, Glas oder Porzellan, kein Metall).
- Den Ofen immer vorheizen, wenn du einen herkömmlichen Backofen benutzt und bei Ober-/Unterhitze garen möchtest. Den Mini-Ofen muss man nicht vorheizen.
- Für einen Gasbackofen die folgende Umrechnungstabelle beachten:

90 °C: Stufe 3	150 °C: Stufe 5	210 °C: Stufe 7	270 °C: Stufe 9
120 °C: Stufe 4	180 °C: Stufe 6	240 °C: Stufe 8	300 °C: Stufe 10

- Die Temperaturangaben bei den Rezepten gelten für das Garen mit Ober- und Unterhitze. Falls du mit Umluft oder Heißluft arbeitest, stelle die Temperatur 20–30 °C niedriger als im Buch angegeben ein und beachte zusätzlich die Angaben des Ofenherstellers.

Das war's schon. Jetzt musst du dich nur noch an die Rezepte halten!

KARTOFFELN AUS DER MIKROWELLE

Mikrowelle:
15 Min.

Kartoffeln (mittelgroß)
4 x

Wasser
2 Gläser

Zubereitung: 1 Min.

0,30 €/Pers.

- Die **Kartoffeln** schälen und in Stücke schneiden. Mit 2 Gläsern Wasser in einer großen Schüssel verteilen.
- Die Kartoffeln mit Frischhaltefolie abdecken und in der Mikrowelle bei 800 Watt ca. 15 Min. garen.

GRIESS AUS DER MIKROWELLE

Mikrowelle:
1 Min.

feiner Grieß
2 Gläser (oder Couscous)

Wasser
2 Gläser

Zubereitung: 1 Min.

0,10 €/Pers.

- Den **Grieß** mit 2 Gläsern Wasser in eine große Schüssel geben.
- In der Mikrowelle bei 800 Watt 1 Min. garen.

REIS AUS DER MIKROWELLE

Mikrowelle:
20 Min.

Reis
2 Gläser

Wasser
4 Gläser

Zubereitung: 1 Min.

0,10 €/Pers.

- Den **Reis** mit 4 Gläsern Wasser in eine große Schüssel geben.
- Mit Frischhaltefolie abdecken und in der Mikrowelle bei 800 Watt 20 Min. kochen.

NUDELN AUS DER MIKROWELLE

Penne
5 Gläser

Wasser
6 Gläser

(als Hauptgericht)
Kochzeit: 15 Min.

• **Nudeln** und kaltes Wasser in einer Schüssel mischen und in der Mikrowelle bei 800 Watt 15 Min. garen. Abgießen und servieren.

Farfalle
6 Gläser

Wasser
6 Gläser

(als Hauptgericht)
Kochzeit: 15 Min.

• **Nudeln** und kaltes Wasser in einer Schüssel mischen und in der Mikrowelle bei 800 Watt 15 Min. garen. Abgießen und servieren.

Hörnchennudeln
3 Gläser

Wasser
4 Gläser

(als Hauptgericht)
Kochzeit: 15 Min.

- **Nudeln** und kaltes Wasser in einer Schüssel mischen und in der Mikrowelle bei 800 Watt 15 Min. garen. Abgießen und servieren.

kurze Makkaroni
4 Gläser

Wasser
5 Gläser

(als Hauptgericht)
Kochzeit: 15 Min.

- **Nudeln** und kaltes Wasser in einer Schüssel mischen und in der Mikrowelle bei 800 Watt 15 Min. garen. Abgießen und servieren.

GEFLÜGELLEBERTERRINE

Mini-Ofen:
25 Min
Herkömmlicher Ofen:
25 Min. bei 200 °C

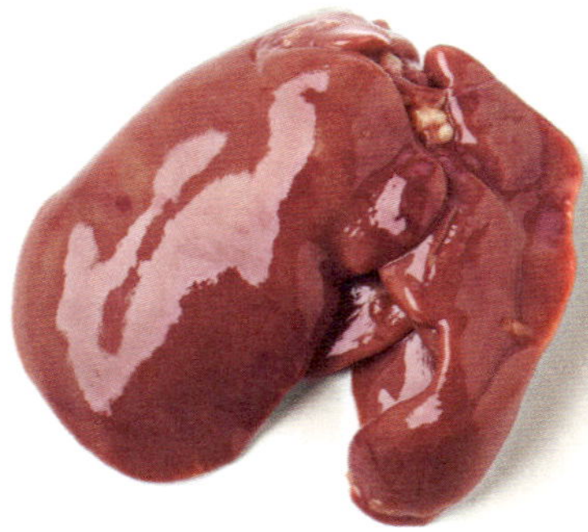

Geflügelleber
6 x (200 g)

Kräuter der Provence
2 EL

Thüringer Mett
200 g (gewürzt)

Ei
1 x

Salz, Pfeffer

Als Vorspeise für 4

Zubereitung: 5 Min.

Kühlzeit: 12 Std.

0,80 €/Pers.

- Die **Leber** putzen und in sehr kleine Würfel schneiden. Salzen, pfeffern und mit dem **Mett,** dem **Ei** und den **Kräutern** verkneten.
- Die Masse in eine Gratinform füllen und im Mini-Ofen bei 230 °C (Ober-/Unterhitze) 1 Std. garen.
- Herausnehmen, abkühlen lassen und vor dem Servieren 12 Std. kühl stellen.

VORSPEISE FÜR 2

Mini-Ofen:
25 Min
Herkömmlicher Ofen:
25 Min. bei 200 °C

Pommes noisettes
10 x (TK)

Kirschtomaten
5 x

roher Schinken
1 Scheibe

Zubereitung: 5 Min.

0,40 €/Pers.

- Die **Pommes noisettes** im Mini-Ofen bei 230 °C (Ober-/Unterhitze) 25 Min. backen.
- Inzwischen die **Kirschtomaten** waschen und halbieren. Den **Schinken** in 10 Stücke schneiden.
- Auf 10 Holzspieße je 1 gegarte **Kartoffelkugel,** ½ **Tomate** und 1 Stück **Schinken** spießen.

SELBST GEMACHTE CHIPS

Mikrowelle:
30 Sek.

Kartoffel (groß)
1 x

neutrales Öl
1 EL

Salz

Zubereitung: 5 Min.

0,10 €/Pers.

- Die **Kartoffel** waschen, trocken tupfen und in sehr feine Scheiben schneiden, mit Öl mischen.
- Einen mikrowellenfesten Teller mit Backpapier belegen und so viele **Kartoffelscheiben** darauf verteilen, dass sie sich nicht überlappen.
- Die **Kartoffeln** in der Mikrowelle bei 800 Watt 30 Sek. garen. Übrige **Kartoffelscheiben** ebenso zubereiten. Zum Servieren salzen.

SARDINENAUFSTRICH

Ölsardinen
1 Dose

Frischkäse
60 g

Currypulver
1 TL

Baguette
¼

Zubereitung: 3 Min.

0,60 €/Pers.

- Die **Sardinen** in einer Schüssel mit einer Gabel in der Hälfte des Einlegeöls zerdrücken. Dann mit **Frischkäse** und **Curry** mischen.
- Den Aufstrich nach Belieben in der Dose anrichten und mit dem **Baguette** servieren.

THUNFISCHSOMMERROLLEN

130 g Thunfisch
1 Dose (im eigenen Saft)

Mayonnaise
1 EL

Baby-Blattspinat
3 Handvoll

Koriander
4 Stiele

Reispapierblätter
3 x (20 cm Durchmesser)

Salz, Pfeffer

Zubereitung: 10 Min.

1,20 €/Pers.

- Den **Thunfisch** abgießen, zerkleinern und mit der **Mayonnaise** mischen. Salzen und pfeffern. **Koriander** und **Spinat** waschen, trocken tupfen und mit der Hand zerpflücken.
- **Reispapierblätter** kurz in Wasser einweichen, auf die Arbeitsfläche legen und den **Spinat** darauf verteilen. Mit **Thunfisch** und **Koriander** füllen, fest aufrollen und mit der Schere quer halbieren.

TOMATEN MIT GURKENFÜLLUNG

Fleischtomaten
2 x

griech. Joghurt
200 g (10 % Fett)

Gurke
⅛

Minzeblätter
10 Stücke (oder 1 EL getr.)

Salz, Pfeffer

Zubereitung: 5 Min.

0,55 €/Pers.

• Die **Gurke** waschen, halbieren und entkernen. Die **Minze** waschen, trocken tupfen und mit der Schere zerkleinern. **Gurke** und **Minze** mit dem **Joghurt** verrühren, salzen und pfeffern.

• Die **Tomaten** waschen und einen Deckel abschneiden. Die **Tomaten** aushöhlen und mit der **Gurkenmischung** füllen. Gut gekühlt servieren.

MELONENSALAT MIT PALMENHERZEN

Honigmelone
1 x

helle Sesamsamen
2 EL

Palmenherzen
2 x (Dose)

Sesamöl
2 TL

Koriander
2 Stiele

Salz, Pfeffer

Zubereitung: 5 Min.

1,80 €/Pers.

- Die **Melone** halbieren, aushöhlen und das Fruchtfleisch in Stücke schneiden.
- Die **Palmenherzen** in Streifen schneiden. Den **Koriander** waschen, trocken tupfen und klein zupfen. **Melone, Palmenherzen, Koriander** und **Sesamöl** mischen. Den Salat salzen, pfeffern und in die Melonenhälften füllen.
- Mit **Sesamsamen** bestreut servieren.

SOMMERROLLEN MIT SURIMI

Rucola
4 Handvoll

Reispapierblätter
4 x (20 cm Durchmesser)

Gurke
¼

Surimi
12 Stäbchen

Minze
20 Blätter

Zubereitung: 10 Min.

1,35 €/Pers.

• Die **Gurke** waschen und längs in Stifte schneiden. **Rucola** und **Minze** waschen, trocken tupfen und grob zerpflücken.

• Die **Reispapierblätter** kurz in Wasser einweichen und auf die Arbeitsfläche legen. Dann mit **Gurke, Rucola, Minze** und **Surimi** belegen und fest aufrollen. Nach Belieben in Stücke schneiden.

HÄHNCHENROLLEN MIT ERDNUSSDIP

Mikrowelle:
4 Min.

Hähnchenbrustfilet
1 x

Erdnussbutter
2 EL

Reispapierblätter
4 (20 cm Durchmesser)

Salat-Mix
4 Handvoll

Sojasoße
1 EL

Zubereitung: 10 Min.

1,50 €/Pers.

- **Hähnchen** waschen, trocken tupfen, in Stücke schneiden und mit 1 EL **Erdnussbutter** verrühren. In der Mikrowelle bei 800 Watt 3 Min. garen.
- Die **Reispapierblätter** kurz in Wasser einweichen, Zutaten darauf verteilen und fest aufrollen.
- **Sojasoße,** übrige **Erdnussbutter** mit 1 Glas Wasser in der Mikrowelle bei 600 Watt 1 Min. erwärmen. Die Rollen mit dem Dip servieren.

WASSERMELONEN-TABOULÉ

Mikrowelle:
1 Min.

feiner Grieß
1 Glas (oder Couscous)

Wassermelone
1 Stück (400 g)

Radieschen
8 x

Basilikumblätter
20 Stücke (oder 2 EL getr.)

Salz, Pfeffer

3 EL Olivenöl

Zubereitung: 5 Min.

0,65 €/Pers.

- **Grieß** mit 1 Glas Wasser in einer Schüssel vermischen und in der Mikrowelle bei 800 Watt 1 Min. garen. Herausnehmen und abkühlen lassen.
- Die **Melone** schälen und würfeln. **Radieschen** waschen und in Scheiben schneiden. Beides mit gewaschenem **Basilikum** und Öl unter den **Grieß** mischen. Salzen, pfeffern und servieren.

KARTOFFELN MIT LACHS

Mikrowelle:
10 Min.

Räucherlachs
2 EL (in Würfeln)

Kartoffel (groß)
1 x

Minzeblätter
4 Stücke (oder 1 TL getr.)

griech. Joghurt
200 g (10 % Fett)

Salz, Pfeffer

Zubereitung: 2 Min.

1,25 €/Pers.

- Die **Kartoffel** mit Schale waschen und in einer Schüssel mit Frischhaltefolie abgedeckt in der Mikrowelle bei 800 Watt 10 Min. garen.
- **Minze** waschen, mit der Schere fein schneiden und mit **Joghurt** und **Lachswürfeln** mischen, salzen und pfeffern.
- **Kartoffel** heiß in der Mitte längs aufschneiden und die Füllung daraufgeben. Sofort servieren.

GRIECHISCHER AUBERGINENSALAT

Mikrowelle:
10 Min.

Tomaten
2 x

Aubergine
1 x

getrockneter Oregano
1 EL

Feta
½ Päckchen (100 g)

Olivenöl
2 EL

Salz, Pfeffer

Zubereitung: 5 Min.

1,10 €/Pers.

- Die **Aubergine** putzen, waschen und in Würfel schneiden. In einer Schüssel mit Frischhaltefolie abgedeckt in der Mikrowelle bei 800 Watt 10 Min. garen. Herausnehmen und abkühlen lassen.
- **Tomaten** waschen und würfeln, **Feta** grob zerbröseln und mit **Aubergine, Oregano** und Öl vermischen. Salzen, pfeffern und servieren.

SCHINKEN-APRIKOSEN-BROTE

Mini-Ofen:
15 Min
Herkömmlicher Ofen:
15 Min. bei 200 °C

Aprikosen
2 x

Bauernbrot
2 Scheiben

roher Schinken
2 Scheiben

Parmesanspäne
2 EL

Pfeffer

Zubereitung: 5 Min.

1,70 €/Pers.

- Den **Schinken** auf die **Brotscheiben** legen.
- Die **Aprikosen** waschen, vierteln, entkernen und in Spalten schneiden. Die **Aprikosen** mit dem **Parmesan** auf den Broten verteilen, pfeffern.
- Die **Brote** im Mini-Ofen bei 230 °C (Ober-/Unterhitze) 15 Min. überbacken.
- Am besten mit einem Salat servieren.

ÜBERBACKENE GEMÜSEBAGUETTES

Mini-Ofen:
20 Min
Herkömmlicher Ofen:
25 Min. bei 200 °C

Baguette
¼

Tomate
1 x

Raclettekäse
4 Scheiben

Zucchini
½

Kräuter der Provence
1 TL

Zubereitung: 5 Min.

0,90 €/Pers.

- **Tomate** und **Zucchini** waschen und in dünne Scheiben schneiden.
- Das **Baguette** quer halbieren und die Hälften mit dem **Gemüse** abwechselnd belegen. Den **Käse** darauflegen, mit den **Kräutern** bestreuen.
- Die **Brote** im Mini-Ofen bei 230 °C (Ober-/Unterhitze) 20 Min. überbacken. Mit Salat servieren.

PIZZA-BROTE

Mini-Ofen:
15 Min
Herkömmlicher Ofen:
15 Min. bei 200 °C

Tomate
1 x

Bauernbrot
2 Scheiben

Basilikumblätter
6 Stücke (oder 1 EL getr.)

Mozzarella
1 Kugel

Salz, Pfeffer

Zubereitung: 5 Min.

1,25 €/Pers.

- Den **Mozzarella** in Scheiben schneiden. Die **Tomate** waschen und in Scheiben schneiden. **Basilikum** waschen und trocken tupfen.
- **Mozzarella, Tomate** und **Basilikum** abwechselnd auf die **Brote** schichten, salzen, pfeffern.
- Die **Brote** im Mini-Ofen bei 230 °C (Ober-/Unterhitze) 15 Min. überbacken. Mit Salat servieren.

BIRNEN-SPECK-BROTE

Mini-Ofen:
10 Min
Herkömmlicher Ofen:
10 Min. bei 200 °C

Birne
1 x

Speckwürfel
50 g

Bauernbrot
2 Scheiben

Parmesanspäne
2 EL

Pfeffer

Zubereitung: 5 Min.

1,05 €/Pers.

- Die **Birne** vierteln, schälen, entkernen und längs in dünne Scheiben schneiden. Dann auf den **Brotscheiben** verteilen.
- **Speckwürfel** und **Parmesan** darüberstreuen, mit Pfeffer würzen und die **Brote** im Mini-Ofen bei 230 °C (Ober-/Unterhitze) 10 Min. überbacken.
- Am besten mit Salat servieren.

POTATOE WEDGES AUS DER MIKROWELLE

Mikrowelle:
8 Min.

Kartoffeln (mittelgroß)
4 x

Paprikapulver
1 EL

geriebener Cheddar
1 Handvoll

Salz, Pfeffer

4 EL Öl

Zubereitung: 5 Min.

0,60 €/Pers.

- Die **Kartoffeln** mit Schale waschen, vierteln und mit Öl und **Paprikapulver** mischen. Salzen, pfeffern und auf einem mit Backpapier ausgelegten, mikrowellengeeigneten Teller verteilen.
- Die **Kartoffeln** in der Mikrowelle bei 800 Watt 3 Min. garen. Dann den **Käse** darüberstreuen und alles weitere 5 Min. garen.

KÄSE-MAKKARONI AUS DER MIKROWELLE

Mikrowelle:
15 Min.

Makkaroni
4 Gläser

Milch
5 Gläser (500 ml)

geriebener Cheddar
2 Handvoll

Mehl
1 EL

Salz, Pfeffer

Zubereitung: 3 Min.

0,55 €/Pers.

- Das **Mehl** und die **Milch** in einer Schüssel gründlich verrühren. Die **Makkaroni** und die Hälfte des **Käses** hinzufügen. Salzen, pfeffern und mischen.
- In einer Schüssel in der Mikrowelle bei 800 Watt 10 Min. garen.
- Den restlichen **Käse** hinzufügen und alles noch weitere 5 Min. garen. Sofort servieren.

RAVIOLI MIT PAPRIKASOSSE

Mikrowelle:
15 Min.

Schinken-Ravioli
250 g (Kühlregal)

Paprikapulver
1 EL

Sahne
1 Glas (100 g)

Salz

Zubereitung: 5 Min.

1,30 €/Pers.

- **Ravioli, Sahne, Paprika** und 1 Glas Wasser in einer Schüssel gründlich mischen.
- Mit Frischhaltefolie abdecken und in der Mikrowelle bei 800 Watt 15 Min. garen. Herausnehmen und sofort servieren.

PENNE CARBONARA

Mikrowelle:
15 Min.

Penne
5 Gläser

Ei
1 Eigelb

Speckwürfel
100 g

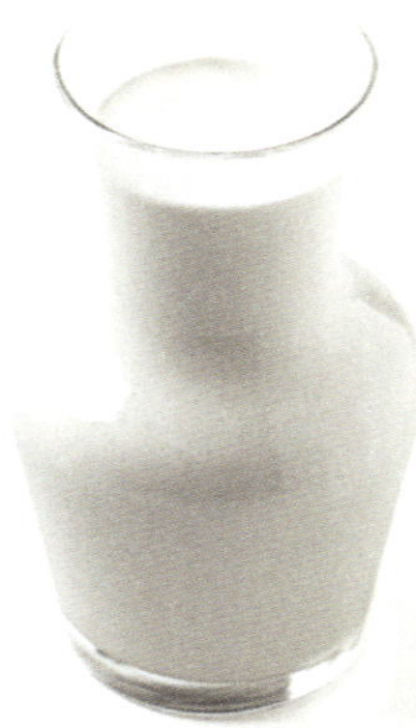

Sahne
5 Gläser (500 g)

geriebener Parmesan
1 EL

Salz, Pfeffer

Zubereitung: 3 Min.

1,10 €/Pers.

- **Nudeln, Speck,** 4 Gläser **Sahne, Parmesan** und 1 Glas Wasser in einer Schüssel mischen. Salzen und pfeffern.
- Die Pasta in der Mikrowelle bei 800 Watt 15 Min. bissfest garen.
- Herausnehmen, das **Eigelb** und die übrige **Sahne** gründlich unterrühren, sofort servieren.

MAKKARONI-SCHINKEN-AUFLAUF

Mikrowelle:
20 Min.

gekochter Schinken
2 Scheiben

Makkaroni
4 Gläser

geriebener Käse
2 Handvoll

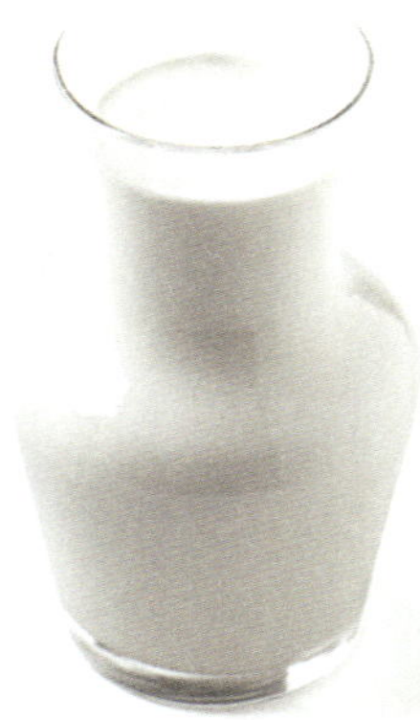

Sahne
4 Gläser (400 g)

Salz, Pfeffer

Zubereitung: 3 Min.

0,80 €/Pers.

- Den **Schinken** in Streifen schneiden und mit **Makkaroni, Sahne,** 1 Handvoll **Käse** und 1 Glas Wasser in eine Schüssel geben. Salzen, pfeffern und umrühren.
- Die Pasta in der Mikrowelle bei 800 Watt 15 Min. garen. Den übrigen **Käse** darüberstreuen und alles weitere 5 Min. garen. Sofort servieren.

PENNE BOLOGNESE

Herdplatte:
40 Min.

Penne
4 Gläser

Hacksteak
(o. 200 g Rinderhackfleisch)

geriebener Parmesan
5 EL

stückige Tomaten
1 kleine Dose (400 g)

Zwiebel
1 x

Salz, Pfeffer

1 EL Öl

Zubereitung: 5 Min.

2 €/Pers.

- Die **Penne** in reichlich kochendem Salzwasser bissfest garen. Abgießen und abtropfen lassen.
- **Hack** und 3 EL **Parmesan** verkneten, daraus 6 Klößchen formen und in einer Pfanne im Öl mit der gehackten **Zwiebel** 15 Min. dünsten.
- **Tomaten** hinzufügen und alles 15 Min. garen.
- **Penne** unterrühren, mit übrigem **Parmesan** bestreuen, pfeffern und servieren.

NUDELN MIT PARMESAN UND PFEFFER

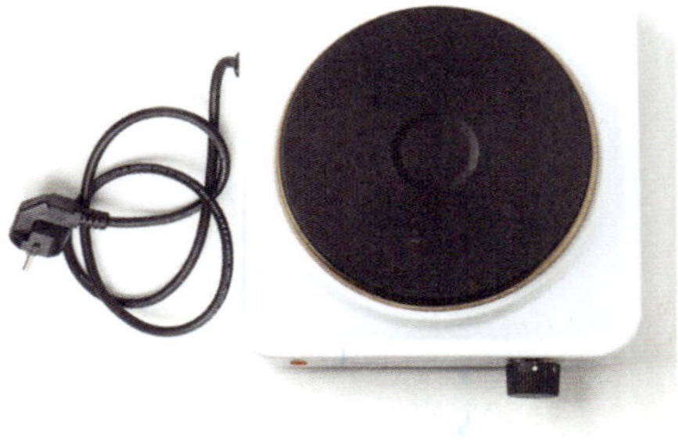

Herdplatte:
15 Min.

Penne
4 Gläser

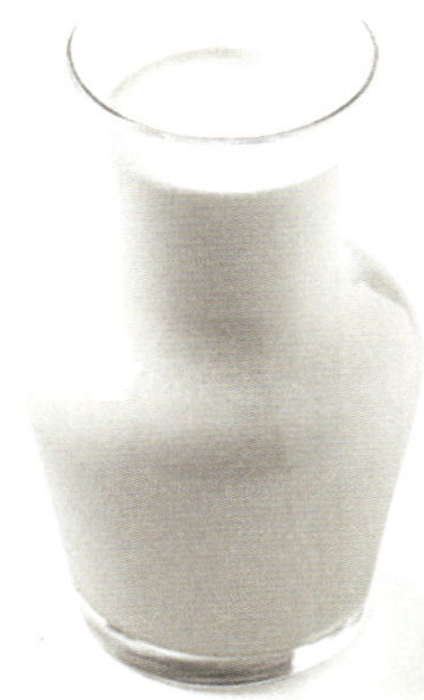

Sahne
2 Gläser (200 g)

Parmesanspäne
80 g

geschroteter Pfeffer
1 EL

Salz

etwas Olivenöl

Zubereitung: 5 Min.

1,35 €/Pers.

- Die **Penne** in reichlich kochendem Salzwasser bissfest garen. Abgießen und abtropfen lassen.
- Dann in einer Pfanne mit 1 EL Wasser, **Sahne, Parmesan** und **Pfeffer** bei starker Hitze unter Rühren 5 Min. garen.
- Mit etwas Olivenöl beträufelt servieren.

CHINANUDELN MIT HUHN UND SESAM

Herdplatte:
10 Min.

getrocknete Mie-Nudeln
150 g (inkl. Chilisoße)

Hähnchenbrustfilet
1 x

rote Paprikaschote
½

Koriander
2 Stiele

helle Sesamsamen
1 EL

Zubereitung: 5 Min.
Ruhezeit: 5 Min.

1,10 €/Pers.

- **Hähnchen** waschen, trocken tupfen und grob würfeln. **Paprika** putzen, waschen und in Streifen schneiden. Beides mit **Nudeln, Chilisoße** und 4 Gläsern Wasser in eine Pfanne geben.
- Alles aufkochen, dann 5 Min. garen. Vom Herd nehmen und in der Pfanne 5 Min. ziehen lassen.
- **Koriander** waschen und zerzupfen. Alles zum Servieren mit **Sesam** und **Koriander** bestreuen.

TORTELLINI MIT ROSMARINBUTTER

Herdplatte:
5 Min.

Spinat-Ricotta-Tortellini
250 g (Kühlregal)

geriebener Parmesan
1 EL

Butter
25 g

Rosmarin
2 Zweige (oder 1 EL getr.)

Salz, Pfeffer

Zubereitung: 5 Min.

1,05 €/Pers.

- Die **Rosmarinzweige** waschen, trocken tupfen und die Nadeln abzupfen.
- **Rosmarin** mit **Butter, Tortellini, Parmesan** und 1 Glas Wasser in eine Pfanne geben und darin unter Rühren 5 Min. garen, bis die Flüssigkeit vollständig eingekocht ist.
- Salzen, pfeffern und servieren.

SPAGHETTI CARBONARA MIT CHORIZO

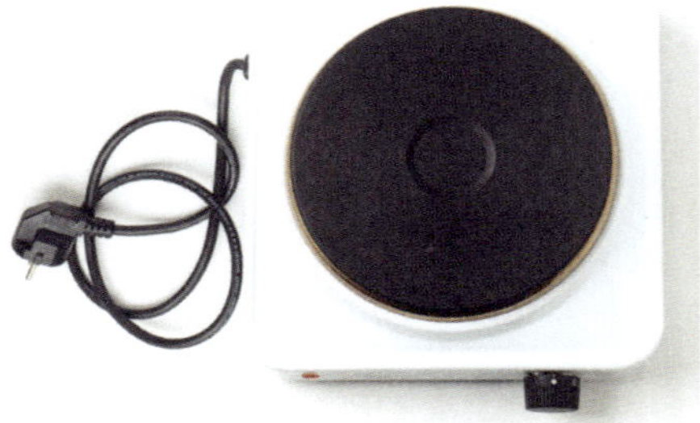

Herdplatte:
16 Min.

Spaghetti
1 Handvoll (160 g)

Chorizo
4 Scheiben

Ei
1 Eigelb

geriebener Parmesan
2 EL

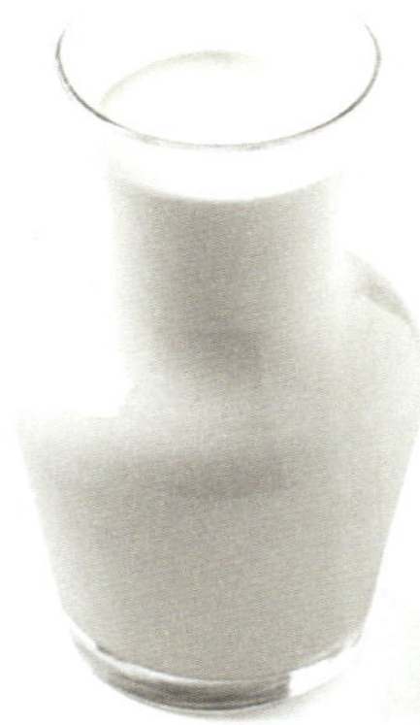

Sahne
1 Glas (100 g)

Salz, Pfeffer

Zubereitung: 5 Min.

0,50 €/Pers.

• **Spaghetti** in reichlich kochendem Salzwasser bissfest garen. Abgießen und abtropfen lassen.
• In einer Pfanne mit 2 EL Wasser und halbierten **Chorizo-Scheiben** mischen und 5 Min. garen.
• Die **Sahne,** den **Parmesan** und das **Eigelb** hinzufügen und alles unter Rühren noch 30 Sek. garen. Pfeffern und sofort servieren.

CHINANUDELN MIT RIND UND BASILIKUM

Herdplatte:
10 Min.

Rinder-Carpaccio
100 g

getrocknete Mie-Nudeln
150 g (inkl. Chilisoße)

Basilikum
2 Stiele (oder 1 EL getr.)

Palmenherzen
1 x (Dose)

geraspelte Möhren
1 Handvoll

Zubereitung: 5 Min.
Ruhezeit: 5 Min.

1,55 €/Pers.

- **Mie-Nudeln, Chilisoße, Rindfleisch,** das in Scheiben geschnittene **Palmenherz** und 4 Gläser Wasser in eine Pfanne geben.
- Alles zum Kochen bringen und 5 Min. garen. Dann vom Herd nehmen und noch 5 Min. ziehen lassen.
- Zum Servieren die geraspelten **Möhren** und das gewaschene **Basilikum** unterrühren.

JAMBALAYA AUS DER MIKROWELLE

Mikrowelle:
20 Min.

geräucherte Würstchen
2 x

Reis
2 Gläser (200 g)

Currypulver
1 EL

Maiskörner
1 kleine Dose (115 g)

Surimi
4 Stäbchen

Salz, Pfeffer

Zubereitung: 5 Min.

1,15 €/Pers.

- **Würstchen** und **Surimi** in kleine Würfel schneiden. Mit **Reis, Mais, Curry** und 4 Gläsern Wasser in einer Schüssel vermischen.
- Das Jambalaya in der Mikrowelle bei 800 Watt 20 Min. garen. Salzen, pfeffern und servieren.

TINTENFISCH AUS DER MIKROWELLE

Mikrowelle:
20 Min.

Tintenfisch (mit Tinte)
2 x (frisch oder TK)

Knoblauchgranulat
1 TL

getrockneter Oregano
1 TL

Reis
2 Gläser

Salz, Pfeffer

etwas Olivenöl

Zubereitung: 5 Min.

2 €/Pers.

- **Tintenfische** ggf. auftauen lassen, gründlich waschen, trocken tupfen und in Stücke schneiden.
- **Tintenfische** mit **Tinte, Oregano, Knoblauch, Reis** und 4 Gläsern Wasser in einer Schüssel vermischen. In der Mikrowelle bei 800 Watt 20 Min. garen.
- Salzen, pfeffern, mit etwas Olivenöl beträufeln.

COUSCOUS AUS DER MIKROWELLE

Mikrowelle:
15 Min.

Merguez-Würstchen
4 x

Zucchini
1 x

rote Paprikaschote
1 x

Kichererbsen
1 kleine Dose (80 g)

Ras-el-Hanout
1 EL (marokkan. Gewürz)

Salz, Pfeffer

Zubereitung: 5 Min.

1,10 €/Pers.

- **Zucchini** und **Paprika** waschen und in Würfel schneiden. **Merguez** in Stücke schneiden.
- Mit 2 Gläsern Wasser, **Kichererbsen** und **Ras-el-Hanout** in eine Schüssel geben und mit Frischhaltefolie abdecken.
- In der Mikrowelle bei 800 Watt 15 Min. garen
- Am besten mit Grieß (siehe S. 8) servieren.

TAJINE AUS DER MIKROWELLE

Mikrowelle:
20 Min.

Putenschnitzel
2 x

Zucchini
1 x

Kartoffeln (mittelgroß)
2 x

Kreuzkümmelsamen
1 EL

eingelegte Zitrone
1 x (Onlinehandel)

Salz, Pfeffer

Zubereitung: 5 Min.

2 €/Pers.

- Das **Putenschnitzel** waschen, trocken tupfen und würfeln. **Kartoffeln** schälen und würfeln. **Zucchini** waschen und mit der **Zitrone** würfeln.
- **Pute, Kartoffeln, Zucchini, Zitrone,** 1 Glas Wasser und **Kreuzkümmel** in einer Schüssel vermischen. Salzen, pfeffern.
- Mit Frischhaltefolie abdecken und in der Mikrowelle bei 800 Watt 20 Min. garen.

GEMÜSECURRY AUS DER MIKROWELLE

Mikrowelle:
10 Min.

Blumenkohl
¼

TK-Erbsen
2 Gläser

Radieschen
10 x

Currypulver
1 EL

Kokosmilch
200 ml (Dose)

Zubereitung: 5 Min.

1 €/Pers.

- **Radieschen** und **Blumenkohl** putzen, waschen und in Stücke schneiden. In einer Schüssel mit den **Erbsen, Curry** und **Kokosmilch** vermischen.
- In der Mikrowelle bei 800 Watt 10 Min. garen.
- Am besten mit Reis aus der Mikrowelle (siehe S. 10) servieren.

SAUERKRAUT MIT WÜRSTCHEN

Mikrowelle:
20 Min.

Sauerkraut
400 g

Kartoffeln (groß)
2 x

geräucherte Würstchen
2 x

Räucherspeck
2 dünne Scheiben

helles Bier
250 ml

Salz, Pfeffer

Zubereitung: 5 Min.

1,90 €/Pers.

- Die **Würstchen** längs halbieren und jede Hälfte mit ½ **Speckscheibe** umwickeln. Die **Kartoffeln** schälen, halbieren und mit **Sauerkraut** und umwickelten **Würstchen** in eine Schüssel geben.
- Salzen, pfeffern und das **Bier** dazugießen. In der Mikrowelle bei 800 Watt 20 Min. garen.

HACKBÄLLCHEN IN TOMATENSOSSE

Mikrowelle:
5 Min.

stückige Tomaten
2 Gläser (Dose)

getrockneter Oregano
1 EL

Hacksteak
(o. 200 g Rinderhackfleisch)

geriebener Parmesan
3 EL

Salz, Pfeffer

etwas Olivenöl

Zubereitung: 2 Min.

1,80 €/Pers.

- Das **Hackfleisch** mit 2 EL **Parmesan** und **Oregano** verkneten und daraus 6 Bällchen formen.
- Mit den **Tomaten** in eine Schüssel geben, mit übrigem **Parmesan** bestreuen, salzen, pfeffern. Alles in der Mikrowelle bei 800 Watt 5 Min. garen.
- Mit etwas Olivenöl beträufeln und am besten mit Grieß aus der Mikrowelle (siehe S. 8) servieren.

CURRYHUHN AUS DER MIKROWELLE

Mikrowelle:
10 Min.

Hähnchenbrustfilet
2 x

Blattspinat
2 Handvoll

Currypulver
1 EL

Kokosmilch
200 ml (Dose)

Salz, Pfeffer

Zubereitung: 2 Min.

1,60 €/Pers.

- Das **Hähnchen** waschen, trocken tupfen und in Stücke schneiden. **Spinat** verlesen und waschen.
- In einer Schüssel **Hähnchen, Spinat, Kokosmilch** und **Curry** vermischen.
- Mit Frischhaltefolie abgedeckt in der Mikrowelle bei 800 Watt 10 Min. garen. Salzen und pfeffern.
- Am besten mit Reis oder Nudeln aus der Mikrowelle (siehe S. 10/12) servieren.

KARTOFFEL-HACK-AUFLAUF

Mikrowelle:
20 Min.

Hacksteak
(o. 200 g Rinderhackfleisch)

geriebener Käse
1 Handvoll

Kartoffeln (groß)
2 x

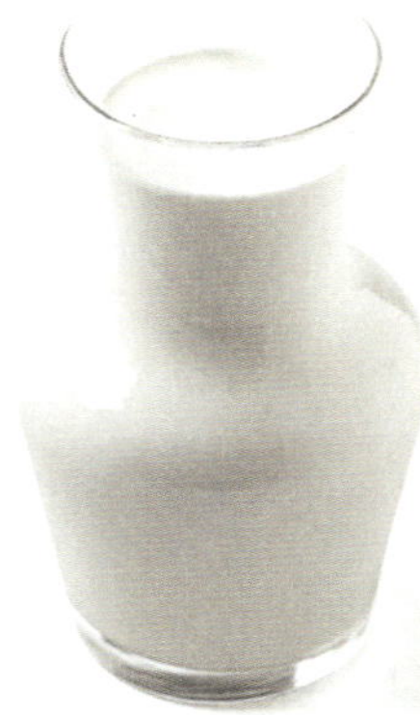

Sahne
2 Gläser (200 g)

Salz, Pfeffer

Zubereitung: 5 Min.

1,95 €/Pers.

- Die **Kartoffeln** schälen und in kleine Würfel schneiden. Mit dem **Hackfleisch,** der **Sahne** und dem geriebenen **Käse** in eine Auflaufform oder Schüssel geben.
- Alles salzen, pfeffern und in der Mikrowelle bei 800 Watt 20 Min. garen.

POT-AU-FEU AUS DER MIKROWELLE

Mikrowelle:
32 Min.

Navetten
2 x

Lauch
1 Stange

Möhren
2 x

Brühwürfel
½

Hacksteak
(o. 200 g Rinderhackfleisch)

Salz, Pfeffer

Zubereitung: 5 Min.

1,95 €/Pers.

- **Möhren** und **Rüben** schälen, **Rüben** in Stücke schneiden. **Lauch** putzen, waschen und halbieren.
- **Möhren, Rüben, Lauch** und **Brühwürfel** in eine Schüssel geben. Mit Wasser gerade bedecken.
- Salzen, pfeffern. Mit Frischhaltefolie abgedeckt in der Mikrowelle bei 800 Watt 30 Min. garen.
- Das **Fleisch** zu Bällchen formen, hinzufügen und alles noch 2 Min. kochen. Mit Kartoffeln servieren.

LAMM-BIRYANI AUS DER MIKROWELLE

Mikrowelle:
20 Min.

Lammkoteletts
2 x

TK-Erbsen
2 Gläser

Reis
2 Gläser

Currypulver
1 EL

Kokosmilch
200 ml (Dose)

Salz, Pfeffer

Zubereitung: 5 Min.

2 €/Pers.

- Das **Fleisch** waschen, trocken tupfen, von den Knochen lösen und in kleine Stücke schneiden.
- **Fleisch** in einer großen Schüssel mit **Erbsen, Curry, Kokosmilch, Reis** und 2 Gläsern Wasser mischen. Salzen und pfeffern.
- Alles in der Mikrowelle bei 800 Watt 20 Min. garen, dabei nach 10 Min. einmal durchrühren.

CHINAREIS AUS DER MIKROWELLE

Mikrowelle:
22 Min.

Reis
2 Gläser

gekochter Schinken
2 Scheiben

TK-Erbsen
1 Glas

Eier
2 x

Salz, Pfeffer

Zubereitung: 5 Min.

0,55 €/Pers.

- Den **Schinken** in Würfel schneiden und mit **Reis**, **Erbsen** und 4 Gläsern Wasser in eine Schüssel geben.
- Alles in der Mikrowelle bei 800 Watt 20 Min. garen, dabei nach 10 Min. einmal durchrühren.
- Die **Eier** unterrühren und alles in der Mikrowelle nochmals 2 Min. garen.
- Salzen, pfeffern und servieren.

KARTOFFELGRATIN AUS DER MIKROWELLE

Mikrowelle:
20 Min.

Kartoffeln (groß)
2 x

Sahne
2 Gläser (200 g)

geriebener Käse
2 Handvoll

Speckwürfel
100 g

Salz, Pfeffer

Zubereitung: 5 Min.

1,20 €/Pers.

- Die **Kartoffeln** schälen und mit dem Messer oder Cutter in sehr dünne Scheiben schneiden.
- Mit dem **Speck,** der **Sahne** und dem **Käse** in einer Schüssel vermischen. Salzen und pfeffern.
- Das Kartoffelgratin in der Mikrowelle bei 800 Watt 20 Min. garen.

PIZZA-ROLLE MIT CHORIZO

Mini-Ofen:
25 Min.
Herkömmlicher Ofen:
25 Min. bei 200 °C

Pizzateig
1 x (Kühlregal)

Chorizo
6 Scheiben

geriebener Käse
3 Handvoll

Tomate
1 x

Für 1 Pizza (2 Pers.)
Zubereitung: 5 Min.

1,05 €/Pers.

- Den **Teig** auf dem Backpapier auseinanderrollen.
- Die **Tomate** waschen und vierteln. **Chorizo-Scheiben** halbieren und auf dem Teig verteilen. ¾ des **Käses** darüberstreuen.
- Den **Teig** aufrollen, auf dem Backpapier auf das Blech setzen und mit übrigem **Käse** bestreuen.
- Im Mini-Ofen bei 230 °C (Ober-/Unterhitze) 25 Min. backen. Mit Salat servieren.

POMMES-AUFLAUF MIT WÜRSTCHEN

Mini-Ofen:
25 Min.
Herkömmlicher Ofen:
25 Min. bei 200 °C

Backofen-Pommes
2 Handvoll (TK)

Bockwürstchen
4 x

Kräuter der Provence
1 EL

Ketchup
1 EL

geriebener Käse
1 Handvoll

Salz, Pfeffer

Zubereitung: 2 Min.

0,80 €/Pers.

- Die **Würstchen** in Stücke schneiden und mit den **Pommes** in einer Auflaufform verteilen.
- Die **Kräuter** und den **Käse** darüberstreuen, alles salzen und pfeffern.
- Den Auflauf im Mini-Ofen bei 230 °C (Ober-/Unterhitze) 25 Min. garen.
- Zum Servieren das **Ketchup** darüber verteilen.

HACKFLEISCH-AVOCADO-FAJITAS

Mini-Ofen:
20 Min.
Herkömmlicher Ofen:
20 Min. bei 200 °C

Tortilla-Fladen
2 x (aus Weizen oder Mais)

Hacksteak
(o. 120 g Rinderhackfleisch)

Maiskörner
2 EL (Dose)

Avocado
1 x

geriebener Cheddar
1 Handvoll

Salz, Pfeffer

Zubereitung: 5 Min.

1,60 €/Pers.

- Die **Avocado** schälen, das Fruchtfleisch herauslösen und mit der Gabel zerkleinern. Mit dem **Hackfleisch** mischen, salzen und pfeffern.
- Die **Tortillas** auf das Backblech legen und mit der **Hack-Avocado-Mischung** belegen. **Mais** und **Cheddarkäse** darüberstreuen.
- Die Fajitas im Mini-Ofen bei 230 °C (Ober-/Unterhitze) 20 Min. garen.

HACKFLEISCH-TORTILLAS

Mini-Ofen:
15 Min.
Herkömmlicher Ofen:
15 Min. bei 200 °C

Mini-Tortilla-Fladen
4 x (aus Weizen)

geriebener Cheddar
1 Handvoll

Kreuzkümmelsamen
1 EL

Hacksteak
(o. 120 g Rinderhackfleisch)

griech. Joghurt
200 g (10 % Fett)

Zubereitung: 5 Min.

1,55 €/Pers.

- Die **Tortillas** mit dem **Joghurt** bestreichen und das **Hackfleisch** darüberkrümeln. Mit **Käse** und **Kreuzkümmel** bestreuen.
- Die **Tortillas** auf das Blech setzen und im Mini-Ofen bei 230 °C (Ober-/Unterhitze) 15 Min. garen.
- Am besten mit einem Salat servieren.

CRISPY BURGER MIT ZWEIERLEI KÄSE

Mini-Ofen:
15 Min.
Herkömmlicher Ofen:
15 Min. bei 200 °C

Burger-Brötchen
2 x

Kartoffel-Chips
1 Handvoll

geriebener Cheddar
2 Handvoll

Schmelzkäse
2 Ecken (à ca. 25 g)

Hacksteak
(o. 120 g Rinderhackfleisch)

Zubereitung: 5 Min.

1,30 €/Pers.

- Das **Hack** mit **Schmelzkäse** und der Hälfte des **Cheddars** vermischen. Den Mix auf den Unterseiten der **Burger-Brötchen** verteilen, die Oberseiten mit dem restlichen **Käse** bestreuen.
- Alles auf dem Blech im Mini-Ofen bei 230 °C (Ober-/Unterhitze) 15 Min. garen. Dann die **Chips** auf den **Hack-Brötchen** verteilen, die Oberseiten auflegen. Sofort servieren, am besten mit Salat.

HOTDOGS MIT POMMES

Mini-Ofen:
20 Min.
Herkömmlicher Ofen:
20 Min. bei 200 °C

Hotdog-Brötchen
2 x

Hacksteak
(o. 120 g Rinderhackfleisch)

geriebener Cheddar
1 Handvoll

Barbecue-Soße
2 EL

Backofen-Pommes
225 g (TK)

Salz, Pfeffer

Zubereitung: 5 Min.

1,45 €/Pers.

- Die Hälfte des **Käses** mit **Barbecue-Soße** und **Hack** vermischen, daraus **2 Würste** formen und in die **Hotdog-Brötchen** legen.
- Die **Pommes** auf dem Backblech verteilen, die **Hotdogs** daraufsetzen und mit übrigem **Käse** bestreuen. Im Mini-Ofen bei 230 °C (Ober-/Unterhitze) 20 Min. garen.
- Mit der übrigen **Barbecue-Soße** servieren.

GEFLÜGEL-AVOCADO-EMPANADAS

Mini-Ofen:
15 Min.
Herkömmlicher Ofen:
15 Min. bei 200 °C

Tortilla-Fladen
2 x (aus Mais)

Putenbrustaufschnitt
2 Scheiben

Champignons
4 x

Guacamole
4 EL (Fertigprodukt)

geriebener Käse
1 Handvoll

Zubereitung: 5 Min.

1,50 €/Pers.

- **Pilze** putzen und in dünne Scheiben schneiden. **Putenbrust** würfeln. **Tortillas** auf dem Backblech mit je 1 EL **Guacamole** und der Hälfte des **Käses,** der **Pilze** (4 Scheiben beiseitelegen) und der **Pute** bestreuen, dann zusammenklappen.
- Restliche **Guacamole,** übrigen **Käse** und **Pilze** daraufstreuen. Im Mini-Ofen bei 230 °C (Ober-/Unterhitze) 15 Min. garen. Mit Salat servieren.

SCHARFER KEBAB MIT KORIANDER

Mini-Ofen:
15 Min.
Herkömmlicher Ofen:
15 Min. bei 200 °C

Pita-Taschen
2 x

Hacksteaks
(o. 200 g Rinderhackfleisch)

Harissa-Paste
1 TL (Chili-Paste)

Koriander
4 Stiele

geriebener Cheddar
2 Handvoll

Zubereitung: 5 Min.

1,95 €/Pers.

- **Koriander** waschen, trocken tupfen und mit der Schere zerkleinern. Mit **Harissa** und der Hälfte des **Käses** unter das **Hackfleisch** kneten.
- **Pita-Brote** mit der Hackmasse füllen, auf das Backblech legen und mit übrigem **Käse** bestreuen.
- Im Mini-Ofen bei 230 °C (Ober-/Unterhitze) 15 Min. garen.

SCHINKEN-CHAMPIGNON-CALZONE

Mini-Ofen:
20 Min.
Herkömmlicher Ofen:
20 Min. bei 200 °C

Pizzateig
1 x (Kühlregal)

gekochter Schinken
2 Scheiben

Champignons
3 x

getrockneter Oregano
1 TL

geriebener Käse
3 Handvoll

Salz, Pfeffer

Für 1 Pizza (2 Pers.)

Zubereitung: 10 Min.

1,25 €/Pers.

- Den **Teig** auf dem Backpapier auf dem Backblech auseinanderrollen. Die **Champignons** putzen und in dünne Scheiben schneiden.
- Den Teig mit **Pilzen, Schinken, Oregano** und **Käse** bestreuen, mittig zusammenklappen und die Ränder mit einer Gabel festdrücken.
- Die Calzone im Mini-Ofen bei 230 °C (Ober-/Unterhitze) 20 Min. backen. Mit Salat servieren.

CHORIZO-ZUCCHINI-PIZZA

Mini-Ofen:
25 Min.
Herkömmlicher Ofen:
25 Min. bei 200 °C

Pizzateig
1 x (Kühlregal)

Zucchini
1 x

geriebener Cheddar
1 Handvoll

Chorizo
9 Scheiben

Pfeffer

etwas Olivenöl

Für 1 Pizza (2 Pers.)

Zubereitung: 5 Min.

1,20 €/Pers.

- Den **Teig** auf dem Backpapier auf dem Backblech auseinanderrollen. **Zucchini** putzen, waschen und in dünne Scheiben schneiden. **Zucchini** und **Chorizo** auf dem Teig verteilen. Mit **Käse** bestreuen.
- Pfeffern und im Mini-Ofen bei 230 °C (Ober-/Unterhitze) 25 Min. backen. Mit etwas Olivenöl beträufeln und am besten mit Salat servieren.

BAGEL MIT SAUERKRAUT UND SPECK

Mini-Ofen:
15 Min.
Herkömmlicher Ofen:
15 Min. bei 200 °C

Sesam-Bagel
1 x (oder Sesambrötchen)

Räucherspeck
3 dünne Scheiben

Sauerkraut
2 kleine Handvoll

Frischkäse
30 g

geriebener Parmesan
1 EL

Salz, Pfeffer

Zubereitung: 5 Min.

1,55 €/Pers.

- Den **Bagel** quer halbieren, beide Hälften mit **Frischkäse** bestreichen und auf das Backblech setzen. **Speckscheiben** jeweils halbieren und mit dem **Sauerkraut** auf den Hälften verteilen.
- Zuletzt mit **Parmesan** bestreuen. Im Mini-Ofen bei 230 °C (Ober-/Unterhitze) 15 Min. überbacken.
- Am besten mit einem Salat servieren.

WÜRZIGER LAMM-KEBAB

Mini-Ofen:
20 Min.
Herkömmlicher Ofen:
20 Min. bei 200 °C

Lammkoteletts
2 x

Baguette
½

Backofen-Pommes
2 Handvoll (TK)

Minze
2 Stiele

Currypulver
1 EL

1 EL Öl

2 EL Mayonnaise

Zubereitung: 5 Min.

2 €/Pers.

- Das **Baguette** erst längs halbieren, dann jede Hälfte nochmals quer halbieren. Das **Fleisch** waschen, trocken tupfen, in kleine Stücke schneiden und mit **Curry** und Öl vermischen.
- **Pommes** und **Fleisch** auf den Baguettestücken verteilen. Im Mini-Ofen bei 230 °C (Ober-/Unterhitze) 20 Min. garen. Mit gewaschener **Minze** bestreuen und mit **Mayonnaise** servieren.

MEXIKANISCHE MINI-PIZZEN

Mini-Ofen:
20 Min.
Herkömmlicher Ofen:
20 Min. bei 200 °C

Tortilla-Fladen
2 x (14 cm; aus Mais)

pürierte Tomaten
2 EL (Dose)

geriebener Cheddar
1 Handvoll

Guacamole
2 EL (Fertigprodukt)

Mozzarella
1 Kugel

Salz, Pfeffer

Zubereitung: 5 Min.

1,05 €/Pers.

- Die **Tortillas** auf das Backblech setzen und mit **Tomatenpüree** bestreichen. Den in Scheiben geschnittenen **Mozzarella** und die **Guacamole** darauf verteilen.
- Zuletzt mit **Cheddarkäse** bestreuen. Im Mini-Ofen bei 230 °C (Ober-/Unterhitze) 20 Min. garen.
- Salzen, pfeffern und mit Salat servieren.

HÄHNCHEN-CHEESEBURGER MIT RUCOLA

Mini-Ofen:
15 Min.
Herkömmlicher Ofen:
15 Min. bei 200 °C

Hähnchenbrustfilet
1 x

Cheddar-Schmelzkäse
2 Scheiben

Toast-Brötchen
2 x

Rucola
1 Handvoll

Zitrone
1 x

Salz, Pfeffer

etwas Olivenöl

Zubereitung: 5 Min.

1,05 €/Pers.

- **Hähnchen** waschen, trocken tupfen und würfeln. **Rucola** waschen, die Hälfte mit **Hähnchen** und **Zitronensaft** mischen. Salzen und pfeffern.
- 2 **Brötchenhälften** mit **Fleischmix,** 2 Hälften mit je 1 Scheibe **Käse** belegen. Alles im Mini-Ofen bei 230 °C (Ober-/Unterhitze) 15 Min. garen.
- Übrigen **Rucola** auf die Hälften mit **Fleischmix** geben, mit Olivenöl beträufeln, Deckel auflegen.

ÜBERBACKENE BURRITOS

Mini-Ofen:
20 Min.
Herkömmlicher Ofen:
20 Min. bei 200 °C

Avocado
1 x

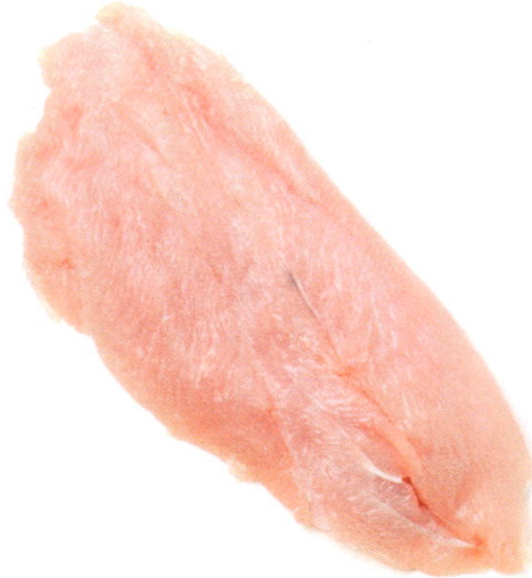

Putenschnitzel
1 x

geriebener Cheddar
2 Handvoll

pürierte Tomaten
4 EL (Dose)

Tortilla-Fladen
2 x (aus Weizen oder Mais)

Salz, Pfeffer

Zubereitung: 5 Min.

2 €/Pers.

- **Avocado** halbieren, Fruchtfleisch auslösen und würfeln. **Pute** waschen, trocken tupfen und würfeln. **Tortillas** mit **Avocado** und **Pute** belegen.
- Dann aufrollen und in eine Auflaufform setzen. **Tomatenpüree** mit 1 Glas Wasser verrühren und darübergießen. Mit **Käse** bestreuen und im Mini-Ofen bei 230 °C (Ober-/Unterhitze) 20 Min. backen.
- Am besten mit Salat servieren.

GEFÜLLTE PAPRIKA

Mini-Ofen:
30 Min.
Herkömmlicher Ofen:
30 Min. bei 200 °C

Mozzarella
1 Kugel

rote Paprikaschote
1 x

Kräuter der Provence
1 TL

Ratatouille
4 EL (Dose oder Glas)

Salz, Pfeffer

Zubereitung: 5 Min.

0,80 €/Pers.

- Die **Paprikaschote** längs halbieren, entkernen und waschen.
- Den **Mozzarella** würfeln und mit **Ratatouille** und **Kräutern** mischen, salzen und pfeffern.
- Die **Paprikahälften** mit der Mischung füllen, in eine Auflaufform setzen und 4 EL Wasser darum herumgießen. Im Mini-Ofen bei 230 °C (Ober-/Unterhitze) 30 Min. garen.

HOTDOG-BAGUETTES

Mini-Ofen:
20 Min.
Herkömmlicher Ofen:
20 Min. bei 200 °C

Baguette
½

Frankfurter Würstchen
2 x

Senf
1 EL

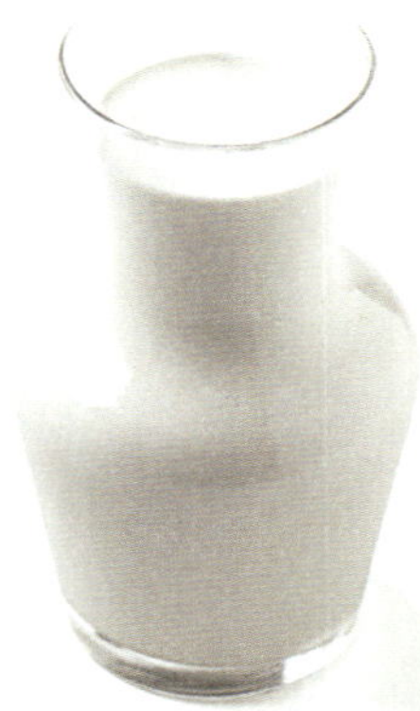

Sahne
1 Glas (100 g)

geriebener Käse
2 Handvoll

Zubereitung: 5 Min.

0,75 €/Pers.

- **Baguette** zuerst quer halbieren, dann beide Teile längs ein-, aber nicht durchschneiden.
- **Sahne**, **Käse** mischen, die Hälfte der Mischung in die mit **Senf** bestrichenen **Baguettes** füllen.
- Die **Würstchen** in die Kerbe legen und mit der restlichen **Käsemischung** bedecken.
- Im Mini-Ofen bei 230 °C (Ober-/Unterhitze) 20 Min. backen.

ÜBERBACKENE CRÊPES

Mini-Ofen:
15 Min.
Herkömmlicher Ofen:
15 Min. bei 200 °C

(Buchweizen-)Crêpes
2 x (Fertigprodukt)

Ketchup
4 EL

geriebener Cheddar
2 Handvoll

Hacksteak
(120 g Rinderhackfleisch)

Kräuter der Provence
1 EL

Zubereitung: 5 Min.

1,65 €/Pers.

• Die **Crêpes** mit **Ketchup** bestreichen. Das **Hackfleisch** darüberkrümeln und jeweils mit der Hälfte des **Käses** und den **Kräutern** bestreuen.
• **Crêpes** fest aufrollen und nebeneinander in eine Auflaufform setzen, mit übrigem **Käse** bestreuen.
• Im Mini-Ofen bei 230 °C (Ober-/Unterhitze) 15 Min. backen. Am besten mit Salat servieren.

KARTOFFELLASAGNE

Mini-Ofen:
45 Min.
Herkömmlicher Ofen:
45 Min. bei 200 °C

Kartoffeln (groß)
2 x

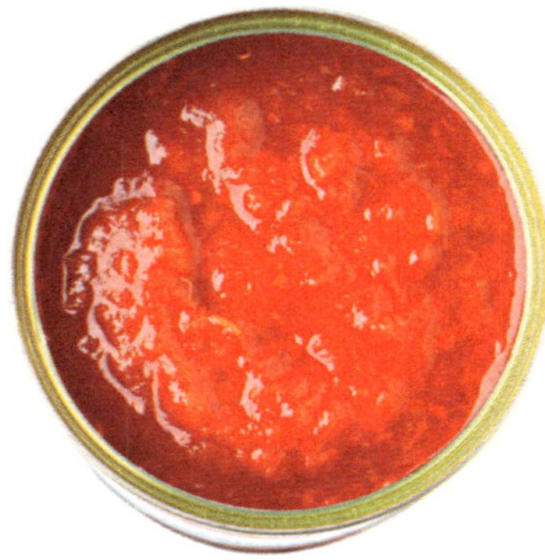

stückige Tomaten
4 Gläser (Dose)

Hacksteak
(o. 200 g Rinderhackfleisch)

geriebener Parmesan
4 EL

Salz, Pfeffer

Zubereitung: 10 Min.

1,80 €/Pers.

- Die **Kartoffeln** schälen, mit dem Messer oder Cutter in dünne Scheiben schneiden und in eine Auflaufform legen. **Hackfleisch** darüberkrümeln.
- Die **Tomatenstücke** und den **Parmesan** darauf verteilen. Salzen und pfeffern.
- Im Mini-Ofen bei 230 °C (Ober-/Unterhitze) 45 Min. garen.

KARTOFFELN IN BLÄTTERTEIG

Mini-Ofen:
45 Min.
Herkömmlicher Ofen:
35 Min. bei 200 °C

Blätterteig, rechteckig
1 x (Kühlregal)

Kartoffeln (mittelgroß)
4 x

Eier
2 x

Kräuter der Provence
1 EL

Salz, Pfeffer

Zubereitung: 10 Min.

0,75 €/Pers.

- Den **Teig** mit dem Backpapier in eine Auflaufform legen. Die **Kartoffeln** schälen, in dünne Scheiben schneiden und auf dem **Teig** verteilen.
- Die **Eier** mit den **Kräutern** gründlich verquirlen und über die **Kartoffeln** gießen. Alles salzen und pfeffern und die Teigränder zur Mitte klappen.
- Im Mini-Ofen bei 230 °C (Ober-/Unterhitze) 45 Min. backen. Mit Salat servieren.

YAKITORI-SPIESSE MIT KÄSE

Mini-Ofen:
10 Min.
Herkömmlicher Ofen:
10 Min. bei 200 °C

Rinder-Carpaccio
150 g (8 dünne Scheiben)

Emmentaler
150 g

Knoblauchgranulat
1 Prise

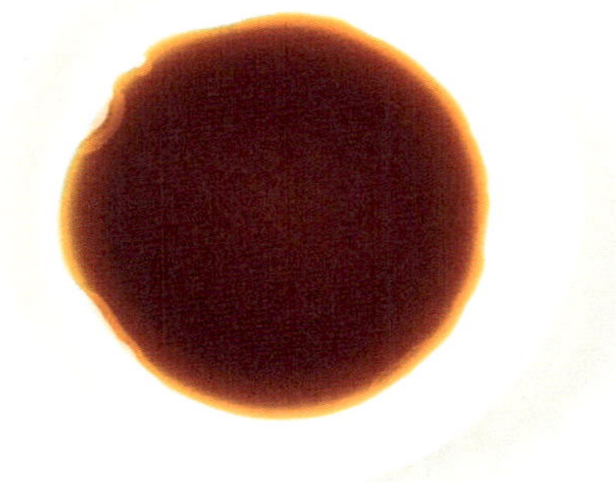

süße Sojasoße
4 EL

Salz, Pfeffer

Zubereitung: 10 Min.

2 €/Pers.

- **Emmentaler** in 8 Stifte schneiden und jeden Käsestift mit 1 **Rindfleischscheibe** umwickeln.
- Auf einen **Holzspieß** stecken. Die **Spieße** nebeneinander in eine große Auflaufform legen.
- Mit **Knoblauch** bestreuen und mit **Sojasoße** beträufeln. Dann im Mini-Ofen bei 230 °C (Ober-/Unterhitze) 10 Min. garen.

GEFÜLLTE TOMATEN MIT WÜRSTCHEN

Mini-Ofen:
30 Min.
Herkömmlicher Ofen:
10 Min. bei 200 °C

Ei
1 x

Fleischtomaten
2 x

Chipolata
1 x (Rinderbratwurst)

Salz, Pfeffer

Zubereitung: 5 Min.

0,95 €/Pers.

- Die **Tomaten** waschen, einen Deckel abschneiden und die **Tomaten** aushöhlen. Die **Chipolata** würfeln und mit dem **Ei** verquirlen. Die **Tomaten** mit der Ei-Wurst-Mischung füllen, salzen, pfeffern.
- Nebeneinander in eine Auflaufform setzen, die Deckel wieder auflegen und 3 EL Wasser hinzufügen. Im Mini-Ofen bei 230 °C (Ober-/Unterhitze) 30 Min. garen.

AMERIKANISCHE SPARERIBS

Mini-Ofen:
1 Std.
Herkömmlicher Ofen:
1 Std. bei 200 °C

Spareribs
400 g

Sojasoße
2 EL

Ketchup
2 EL

flüssiger Honig
1 EL

Paprikapulver
1 EL

Zubereitung: 5 Min.
Marinierzeit: 30 Min.

2 €/Pers.

- Die **Spareribs** waschen, trocken tupfen, teilen und in einem Teller mit **Sojasoße, Honig, Paprikapulver, Ketchup** und 3 Gläsern Wasser mischen. Zugedeckt 30 Min. marinieren.
- Dann in eine Auflaufform setzen und im Mini-Ofen bei 230 °C (Ober-/Unterhitze) 1 Std. garen.

GEFÜLLTE AUBERGINEN

Mini-Ofen:
40 Min.
Herkömmlicher Ofen:
40 Min. bei 200 °C

Tomate
1 x

Aubergine
1 x

Merguez-Würstchen
2 x

geriebener Parmesan
1 EL

Zubereitung: 5 Min.

0,70 €/Pers.

- Die **Aubergine** putzen, waschen, längs halbieren und die Hälften aushöhlen. **Merguez** würfeln. **Tomate** waschen und mit dem **Auberginenfruchtfleisch** würfeln. Mit **Merguez** mischen.
- **Auberginen** mit Gemüse-Wurst-Mix füllen und nebeneinander in eine Auflaufform setzen. 1 Glas Wasser dazugießen, mit **Parmesan** bestreuen.
- Bei 230 °C (Ober-/Unterhitze) 40 Min. garen.

PUTENROULADEN IN KOKOSSOSSE

Mini-Ofen:
30 Min.
Herkömmlicher Ofen:
30 Min. bei 200 °C

Putenrouladen
2 x (vom Metzger gefüllt)

Kokosmilch
100 ml (Dose)

Ketchup
2 EL

Salz, Pfeffer

Zubereitung: 5 Min.

1,55 €/Pers.

- Die **Putenrouladen** nebeneinander in eine Auflaufform setzen.
- **Kokosmilch** und **Ketchup** gründlich verrühren, salzen, pfeffern und über die Rouladen gießen.
- Im Mini-Ofen bei 230 °C (Ober-/Unterhitze) 30 Min. garen. Am besten mit Reis aus der Mikrowelle (siehe S. 10) servieren.

SCHNELLES CASSOULET

Mini-Ofen:
40 Min.
Herkömmlicher Ofen:
40 Min. bei 200 °C

grobe Bratwurst
2 x

Zwieback
6 x

weiße Bohnen in Tomate
1 kleine Dose (Baked beans)

Knoblauchgranulat
1 TL

Salz, Pfeffer

Zubereitung: 5 Min.

1,35 €/Pers.

- Den **Zwieback** zerbröseln und ¾ davon mit den **Bohnen, Knoblauch** und 1 Glas Wasser in einer Auflaufform mischen. Salzen und pfeffern.
- Die **Würste** daraufsetzen und mit den übrigen **Zwiebackbrösel** bestreuen.
- Im Mini-Ofen bei 230 °C (Ober-/Unterhitze) 40 Min. garen.

GEFÜLLTE ZUCCHINI

Mini-Ofen:
35 Min.
Herkömmlicher Ofen:
35 Min. bei 200 °C

geriebener Käse
1 Handvoll

Zucchini (groß)
1 x

Speckwürfel
4 EL

Pfeffer

Zubereitung: 5 Min.

0,85 €/Pers.

- Die **Zucchini** waschen, längs halbieren, aushöhlen und das Fruchtfleisch klein würfeln. Mit **Speck** und **Käse** mischen.
- Die Masse in die **Zucchini** füllen. Nebeneinander in eine Auflaufform setzen und 4 EL Wasser dazugießen. Im Mini-Ofen bei 230 °C (Ober-/Unterhitze) 35 Min. garen. Zum Servieren mit Pfeffer würzen.

GRATINIERTE CRÊPES-RÖLLCHEN

Mini-Ofen:
15 Min.
Herkömmlicher Ofen:
15 Min. bei 200 °C

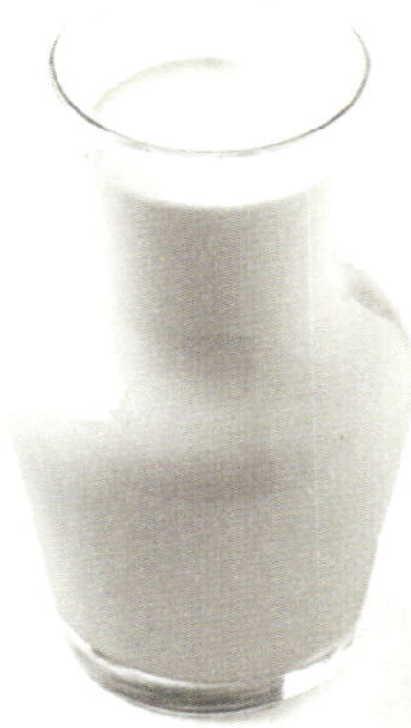

Sahne
1 Glas (100 g)

(Buchweizen-)Crêpes
2 x (Fertigprodukt)

Senf
2 EL

gekochter Schinken
2 Scheiben

geriebener Käse
2 Handvoll

Salz, Pfeffer

Zubereitung: 5 Min.

1,25 €/Pers.

- **Crêpes** mit **Senf** bestreichen, jeweils die Hälfte des **Käses** und gewürfelten **Schinken** darauf verteilen. **Crêpes** fest aufrollen, in Stücke schneiden und nebeneinander in eine Auflaufform setzen.
- Die **Sahne** dazugießen und den übrigen **Käse** darüberstreuen. Salzen, pfeffern. Im Mini-Ofen bei 230 °C (Ober-/Unterhitze) 15 Min. überbacken.
- Am besten mit einem Salat servieren.

HÄHNCHEN-COLOMBO MIT MINZE

Mini-Ofen:
40 Min.
Herkömmlicher Ofen:
40 Min. bei 200 °C

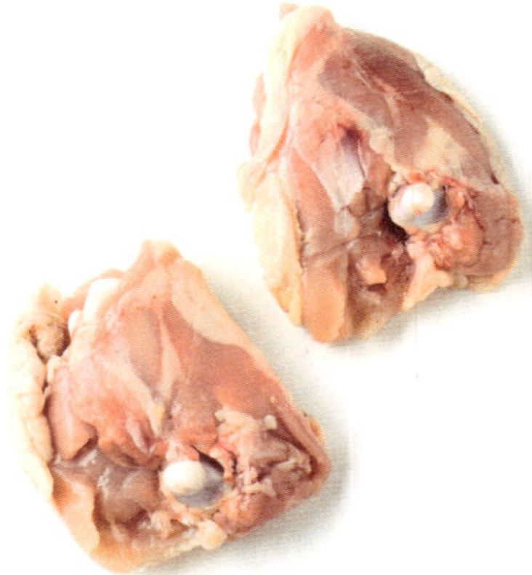

Hähnchenoberschenkel
2 x

Colombo-Currypulver
1 EL (oder Currypulver)

Kokosmilch
100 ml (Dose)

Minzeblätter
10 Stücke (oder 1 EL getr.)

Zubereitung: 5 Min.

1 €/Pers.

- Die **Hähnchenschenkel** waschen, trocken tupfen und nebeneinander in eine Auflaufform legen.
- **Kokosmilch** und **Colombo-Curry** verrühren und über das **Hähnchen** gießen. Im Mini-Ofen bei 230 °C (Ober-/Unterhitze) 40 Min. garen.
- Inzwischen die **Minze** waschen und zum Servieren über das **Hähnchen** streuen. Dazu passt Grieß aus der Mikrowelle (siehe S. 8).

INGWER-SPARERIBS

Mini-Ofen:
1 Std.
Herkömmlicher Ofen:
1 Std. bei 200 °C

Spareribs
400 g

Orangenlimonade
1 Dose (330 ml)

Ingwer
40 g

Sojasoße
3 EL

Zubereitung: 5 Min.
Marinierzeit: 30 Min.

2 €/Pers.

- Die **Spareribs** waschen, trocken tupfen und teilen. Den **Ingwer** schälen und in dünne Streifen schneiden.
- **Spareribs** nebeneinander in eine Auflaufform setzen, **Ingwer, Orangenlimonade** und **Sojasoße** darübergeben und alles 30 Min. marinieren.
- Dann im Mini-Ofen bei 230 °C (Ober-/Unterhitze) 1 Std. garen.

CRÊPES MIT WÜRSTCHEN-KÄSE-FÜLLUNG

Mini-Ofen:
30 Min.
Herkömmlicher Ofen:
30 Min. bei 200 °C

grobe Bratwurst
2 x

(Buchweizen-)Crêpes
2 x (Fertigprodukt)

Blauschimmelkäse
2 Scheiben (80 g)

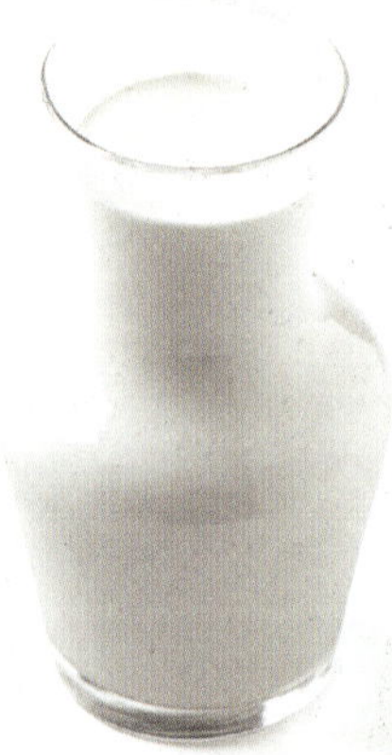

Sahne
1 Glas (100 g)

Zubereitung: 5 Min.

1,75 €/Pers.

- Die **Crêpes** in der Mitte halbieren und jeweils 2 Hälften um 1 **Bratwurst** wickeln. Nebeneinander in eine Auflaufform setzen.
- Den **Käse** darauflegen, die **Sahne** dazugießen.
- Im Mini-Ofen bei 230 °C (Ober-/Unterhitze) 30 Min. garen.
- Am besten mit einem Salat servieren.

COLA-DRUMSTICKS

Mini-Ofen:
1 Std.
Herkömmlicher Ofen:
1 Std. bei 200 °C

Hähnchenunterschenkel
6 x (Drumsticks)

Zitrone
1 x

Cola
1 Dose (330 ml)

Salz, Pfeffer

Zubereitung: 5 Min.

1,35 €/Pers.

- **Hähnchenschenkel** waschen, trocken tupfen und nebeneinander in eine Auflaufform legen.
- **Cola** und 4 EL **Zitronensaft** darübergießen. Salzen und pfeffern.
- Die **Hähnchenschenkel** im Mini-Ofen bei 230 °C (Ober-/Unterhitze) 1 Std. garen.
- Am besten mit Backofen-Pommes servieren.

KNUSPER-OMELETT MIT CHORIZO

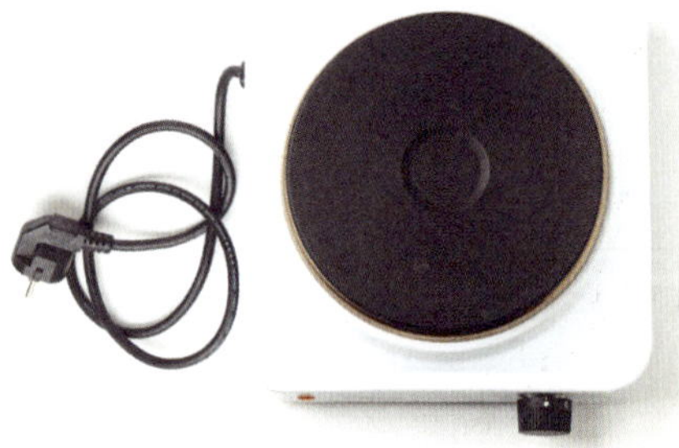

Herdplatte:
8 Min.

Chorizo
8 Scheiben

Eier
6 x

Kartoffel-Chips
2 große Handvoll

2 EL ÖL

Zubereitung: 5 Min.

0,75 €/Pers.

- Die **Eier** mit einer Gabel verquirlen, die **Chorizo** in kleine Stücke schneiden und untermischen.
- Das Öl in einer Pfanne erhitzen, die **Eiermasse** darin gleichmäßig verteilen und 4–8 Min. braten, bis die **Eier** vollständig gestockt sind.
- Das Omelett auf einen Teller gleiten lassen, die **Chips** darüber verteilen und das Omelett zusammenklappen.

PUTENSCHNITZEL MIT ERDNÜSSEN

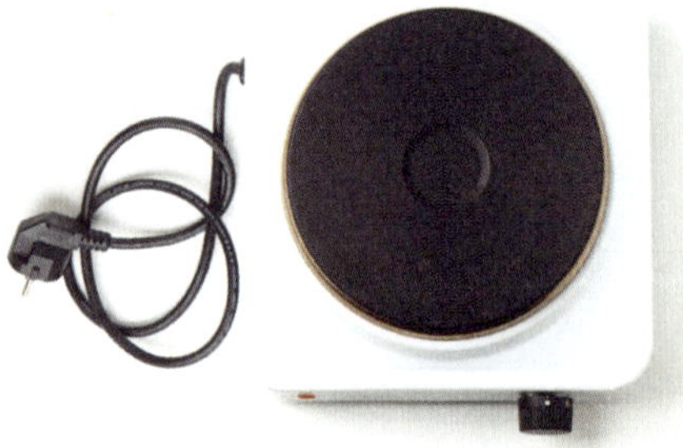

Herdplatte:
5 Min.

Putenschnitzel
1 x

Erdnusskerne
2 EL

flüssiger Honig
1 EL

Sojasoße
4 EL

Zubereitung: 2 Min.

2 €/Pers.

- Das **Schnitzel** waschen, trocken tupfen und in große Stücke schneiden.
- Die **Schnitzelstücke** in einer Pfanne mit **Honig, Sojasoße** und **Erdnusskernen** unter Rühren 5 Min. braten.
- Am besten mit Reis aus der Mikrowelle (siehe S. 10) servieren.

PUTENFRIKASSEE

Herdplatte:
35 Min.

Putenbrustfilet
400 g (in großen Würfeln)

Sahne
2 Gläser (200 g)

Möhren
1 x

Champignons
4 x

Salz, Pfeffer

1 EL Öl

Zubereitung: 5 Min.

1,90 €/Pers.

- Die **Möhre** schälen, die **Pilze** putzen und beides in dünne Scheiben schneiden.
- Das **Fleisch** waschen, trocken tupfen und in einer Pfanne im Öl rundum anbraten. **Möhre, Pilze, Sahne** und 1 Glas Wasser hinzufügen.
- Alles salzen, pfeffern und bei niedriger Hitze 30 Min. garen. Am besten mit Reis aus der Mikrowelle (siehe S. 10) servieren.

BASKISCHE EIER

Herdplatte:
15 Min.

Eier
2 x

roher Schinken
2 Scheiben

rote Paprikaschote
1 x

Kartoffelwürfel
225 g (TK)

1 EL Öl

Zubereitung: 5 Min.

0,70 €/Pers.

- Die **Paprikaschote** halbieren, entkernen, waschen und würfeln. **Schinken** klein schneiden.
- Beides mit den **Kartoffelwürfeln** in einer Pfanne im Öl bei starker Hitze 10 Min. braten, dabei ab und zu umrühren.
- Die **Eier** darüber aufschlagen und alles noch weitere 5 Min. garen, bis die **Eier** gestockt sind.

KARAMELLISIERTES SCHWEINEKOTELETT

Herdplatte:
20 Min.

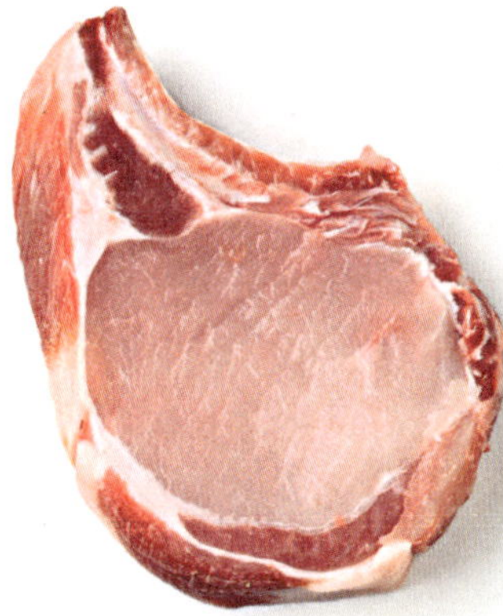

Schweinekotelett
2 x

Zucker
2 EL

helle Sesamsamen
1 EL

Sojasoße
6 EL

1 EL Öl

Zubereitung: 5 Min.

1,40 €/Pers.

- Die **Koteletts** waschen, trocken tupfen und in einer Pfanne im Öl anbraten. **Sojasoße** und **Zucker** hinzufügen und die **Koteletts** bei niedriger Hitze 15 Min. garen, dabei immer wieder mit Bratsaft übergießen.
- Mit den **Sesamsamen** bestreuen und am besten mit Reis oder Nudeln aus der Mikrowelle (siehe S. 10/12) servieren.

NUDEL-PAELLA MIT HACKKLÖSSCHEN

Herdplatte:
20 Min.

Hörnchennudeln
2 Gläser

Thüringer Mett
200 g (gewürzt)

Gazpacho
4 Gläser (Fertigprodukt)

Zitronengras
1 Stängel

Salz, Pfeffer

1 EL Öl

Zubereitung: 5 Min.

1,30 €/Pers.

- Das **Zitronengras** sehr klein schneiden und mit dem **Mett** verkneten.
- Aus der **Mettmasse** 12 Bällchen formen und in einer Pfanne im Öl rundum anbraten.
- **Gazpacho,** 2 Gläser Wasser und **Nudeln** hinzufügen. Alles salzen, pfeffern, dann aufkochen und bei niedriger Hitze 15 Min. garen.

LAUCH-SPECK-EIER

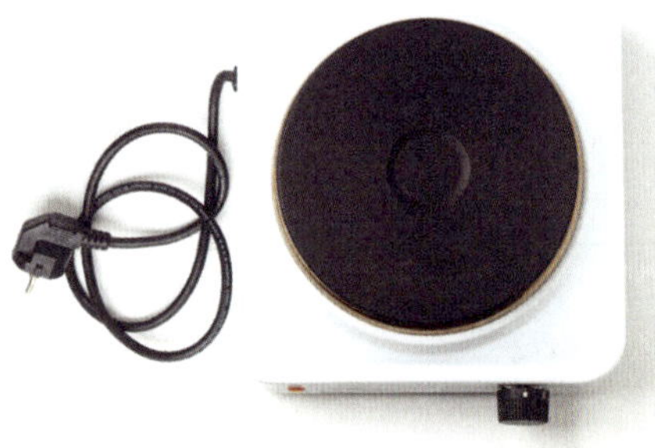

Herdplatte:
25 Min.

Eier
2 x

Speckwürfel
100 g

Paprikapulver
1 TL

Lauch
1 Stange

Zubereitung: 5 Min.

0,75 €/Pers.

- Den **Lauch** putzen, gründlich waschen und in dünne Ringe schneiden.
- Den **Lauch** in einer Pfanne mit dem **Speck** 20 Min. braten, dabei ab und zu umrühren.
- Die **Eier** darüber aufschlagen, alles mit **Paprikapulver** bestreuen und weitere 5 Min. braten, bis die **Eier** gestockt sind.

HÄHNCHEN-RISOTTO AUS DER PFANNE

Herdplatte:
30 Min.

Kokosmilch
400 ml (Dose)

Colombo-Currypulver
1 EL (oder Currypulver)

Risotto-Reis (Arborio)
2 Gläser

Hähnchenbrustfilet
2 x

Zubereitung: 5 Min.

1,25 €/Pers.

- Die **Hähnchenbrustfilets** waschen, trocken tupfen und klein schneiden.
- Das **Hähnchenfleisch** mit **Reis, Curry** und **Kokosmilch** in eine Pfanne geben und bei mittlerer Hitze aufkochen.
- Dann das Risotto bei niedriger Hitze noch 25 Min. garen, dabei regelmäßig umrühren.

PFEFFERBÄLLCHEN

Herdplatte:
4 Min.

Hacksteak
(o. 200 g Rinderhackfleisch)

Sojasoße
1 EL

geschroteter Pfeffer
1 EL

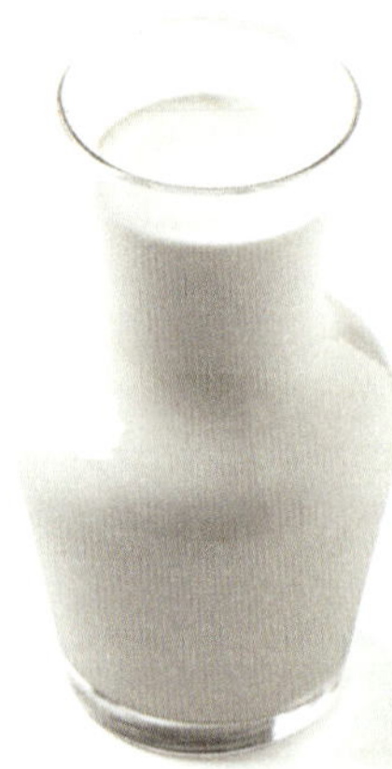

Sahne
2 Gläser (200 g)

Salz, Pfeffer

1 EL Öl

Zubereitung: 5 Min.

1,95 €/Pers.

- Das **Hackfleisch** zu 6 Bällchen formen und rundum im **Pfeffer** wälzen. Dann in einer Pfanne im Öl rundum anbraten.
- **Sojasoße** und **Sahne** hinzufügen und die **Hackbällchen** weitere 3 Min. garen, dabei immer wieder mit dem Bratsaft übergießen.
- Mit Kartoffeln aus der Mikrowelle (siehe S. 6) servieren.

CHILI CON CARNE

Herdplatte:
15 Min.

Kidney-Bohnen
1 große Dose

geriebener Cheddar
2 Handvoll

Hacksteak
(o. 120 g Rinderhackfleisch)

gemahl. Kreuzkümmel
1 EL

pürierte Tomaten
2 Gläser (Dose)

Salz, Pfeffer

1 EL Öl

Zubereitung: 5 Min.

1,85 €/Pers.

- Die **Bohnen** in einem Sieb abbrausen und abtropfen lassen. Mit zerkrümeltem **Hackfleisch, Tomaten, Kreuzkümmel** und 1 Glas Wasser in einer Pfanne aufkochen und 5 Min. garen.
- Den **Käse** hinzufügen, alles einmal umrühren und weitere 5 Min. garen. Salzen und pfeffern.
- Am besten mit Reis aus der Mikrowelle (siehe S. 10) servieren.

PUTENRAHMGESCHNETZELTES

Herdplatte:
15–17 Min.

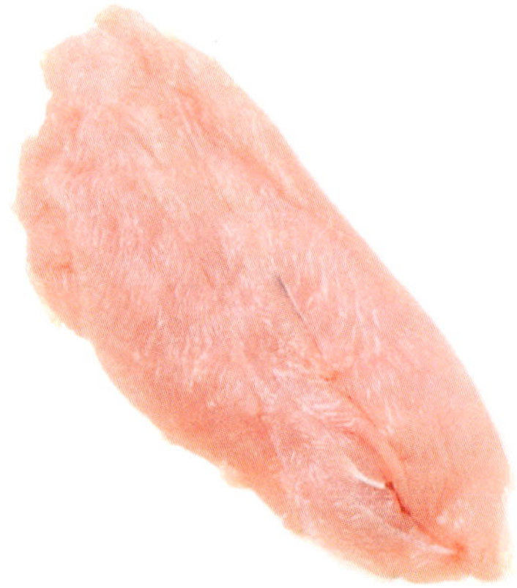

Putenschnitzel (klein)
2 x

Champignons
8 x (240 g)

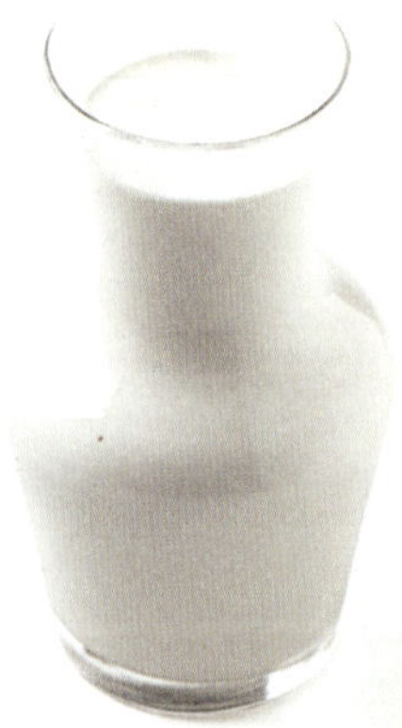

Sahne
2 ½ Gläser (250 g)

Sojasoße
4 EL

1 EL Öl

Zubereitung: 5 Min.

2 €/Pers.

- Die **Schnitzel** waschen und in dünne Streifen schneiden. **Champignons** putzen und vierteln.
- **Fleisch** und **Pilze** in einer Pfanne im Öl 2 Min. rundum anbraten. **Sahne** und **Sojasoße** dazugießen, alles aufkochen und noch 10–12 Min. garen.
- Mit Nudeln aus der Mikrowelle (siehe S. 12/13) servieren.

BŒUF BOURGUIGNON AUS DER PFANNE

Herdplatte:
30 Min.

Hacksteak
(o. 200 g Rinderhackfleisch)

Champignons
4 x

Rotwein
4 Gläser

Brühwürfel
¼

Speckwürfel
100 g

Salz, Pfeffer

Zubereitung: 5 Min.

2 €/Pers.

- **Pilze** putzen, vierteln und mit **Speck**, **Wein**, **Brühwürfel** und 2 Gläsern **Wasser** in einer Pfanne aufkochen. Bei niedriger Hitze 15 Min. garen.
- Das **Hackfleisch** zu 8 Bällchen formen und im Weinsud 15 Min. garen, dabei die Bällchen ab und zu mit Bratsaft übergießen.
- Salzen, pfeffern und mit Nudeln aus der Mikrowelle (siehe S. 12/13) servieren.

HÄHNCHEN-CHILI MIT CURRY

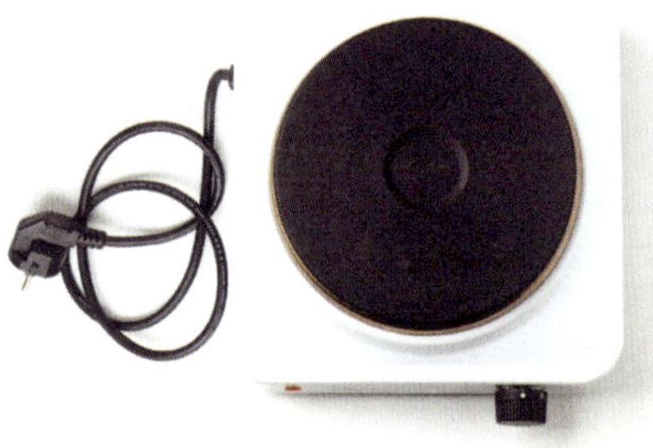

Herdplatte:
8 Min.

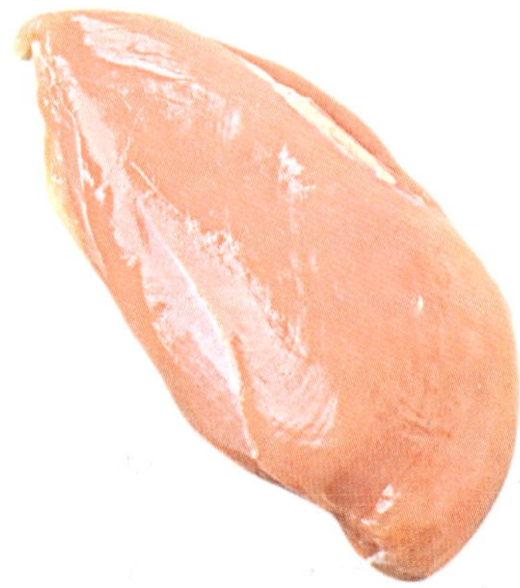

Hähnchenbrustfilet
2 x

weiße Bohnen in Tomate
1 große Dose (Baked beans)

Currypulver
1 EL

geriebener Cheddar
1 Handvoll

Salz, Pfeffer

1 EL Öl

Zubereitung: 2 Min.

1,75 €/Pers.

- Die **Hähnchenbrustfilets** waschen, trocken tupfen, in Stücke schneiden und in einer Pfanne im Öl 5 Min. rundum anbraten.
- Die **Bohnen** und das **Curry** hinzufügen. Salzen, pfeffern und alles weitere 3 Min. garen.
- Den **Käse** darüberstreuen und das Chili mit Reis aus der Mikrowelle (siehe S. 10) servieren.

EIER MIT TOMATEN UND WÜRSTCHEN

Herdplatte:
20 Min.

Eier
2 x

geschälte Tomaten
1 kleine Dose (400 g)

geräucherte Würstchen
1 x

Balsamicoessig
1 EL

Salz, Pfeffer

Zubereitung: 5 Min.

0,80 €/Pers.

- Das **Würstchen** in Scheiben schneiden. Mit den **Tomaten** in einer Pfanne aufkochen und bei niedriger Hitze 15 Min. garen, ab und zu umrühren.
- Die **Eier** aufschlagen, vorsichtig auf die **Tomatensoße** setzen und darin 5 Min. stocken lassen.
- Alles mit dem **Essig** beträufeln, salzen, pfeffern und sofort servieren.

SCHOKOTÖRTCHEN MIT FLÜSSIGEM KERN

Mikrowelle:
1 Min.

Butter
2 EL

Zartbitterschokolade
4 Stücke

Milch
2 EL

Ei
1 x

Mehl
3 EL

Zubereitung: 5 Min.

0,45 €/Pers.

- Grob gehackte **Schokolade** und **Butter** in einer Tasse in der Mikrowelle bei 600 Watt 30 Sek. schmelzen.
- Die Tasse herausnehmen und die **Milch** unterrühren. Das **Ei** verquirlen und mit dem **Mehl** unter die **Schokomasse** mischen.
- Das Törtchen in der Mikrowelle bei 800 Watt weitere 30 Sek. garen. Sofort servieren.

BIRNEN-MUG-CAKE MIT HONIG

Mikrowelle:
7 Min.

Birne
1 x (reife)

Ei
1 x

flüssiger Honig
2 EL

Milch
½ Glas (50 ml)

Zimtpulver
1 TL

Zubereitung: 5 Min

0,30 €/Pers.

- Das **Ei** mit einer Gabel verquirlen. Die **Birne** vierteln, schälen, entkernen und in kleine Stücke schneiden.
- Die **Birnenstücke** mit dem verquirlten **Ei, Milch, Honig** und **Zimt** verrühren.
- Die Mischung auf 2 Becher verteilen und in der Mikrowelle bei 800 Watt 7 Min. garen.

SCHOKOLADEN-NUSS-KEKSE

Mikrowelle:
3 Min. 30 Sek.

Zucker
1 Glas (80 g)

Haselnussschokolade
10 Stücke

Butter
50 g

Ei
1 x

Mehl
2 Gläser

Puderzucker

Zubereitung: 5 Min.

0,40 €/Pers.

- **Butter** in der Mikrowelle bei 600 Watt 30 Sek. schmelzen. Mit **Zucker, Mehl** und **Ei** verrühren.
- Den Teller des Mikrowellenherds mit Backpapier belegen. Aus dem Teig kleine Häufchen nebeneinander daraufsetzen und mit der gehackten **Nussschokolade** bestreuen.
- Die Kekse in der Mikrowelle bei 800 Watt 3 Min. garen. Mit Puderzucker bestreut servieren.

KARAMELLISIERTE BANANE

Mini-Ofen:
15 Min.
Herkömmlicher Ofen:
15 Min. in Grillfunktion

Banane
1 x

süßes Popcorn
1 Handvoll (Fertigprodukt)

Zucker
1 EL

Zubereitung: 5 Min.

0,15 €/Pers.

- Die **Banane** mit Schale längs halbieren und die Hälften nebeneinander in eine Auflaufform legen, dabei soll das Fruchtfleisch nach oben zeigen.
- Mit **Zucker** bestreuen und im Mini-Ofen bei 230 °C (Grillfunktion) 15 Min. backen.
- Mit dem grob zerkleinerten **Popcorn** bestreuen und sofort servieren.

HASELNUSS-BROWNIES

Mini-Ofen:
10 Min.
Herkömmlicher Ofen:
10 Min. bei 200 °C

Haselnussschokolade
24 Stücke

Butter
75 g

Ei
1 x

Mehl
½ Glas

Zubereitung: 5 Min.

0,70 €/Pers.

- **Schokolade** grob hacken und mit der **Butter** in der Mikrowelle bei 600 Watt 3 Min. schmelzen.
- Das **Mehl** unterrühren. Das **Ei** verquirlen und ebenfalls unterrühren.
- Eine rechteckige Backform mit angefeuchtetem Backpapier auslegen und den Teig darauf verteilen.
- Im Mini-Ofen bei 230 °C (Ober-/Unterhitze) 10 Min. backen. Abgekühlt in Würfel schneiden.

APRIKOSEN-CRUMBLE

Mini-Ofen:
35 Min.
Herkömmlicher Ofen:
35 Min. bei 200 °C

Zucker
4 EL

Aprikosen
6 x

Mehl
6 EL

weiche Butter
75 g

Zubereitung: 10 Min.

0,80 €/Pers

- Die **Butter** in Stücke schneiden und mit **Mehl** und **Zucker** mit den Fingerspitzen zu Streuseln verkneten.
- Die **Aprikosen** waschen, halbieren und entsteinen. Nebeneinander in eine Auflaufform legen und die Streusel darüber verteilen.
- Den Crumble im Mini-Ofen bei 230 °C (Ober-/Unterhitze) 35 Min. backen.

BLÄTTERTEIGSCHNECKEN MIT KONFITÜRE

Mini-Ofen:
30 Min.
Herkömmlicher Ofen:
30 Min. bei 200 °C

Blätterteig, rechteckig
1 Rolle (Kühlregal)

rote Konfitüre
1 EL (Sorte nach Wahl)

Mandelblättchen
1 Glas

Zubereitung: 10 Min.

0,65 €/Pers.

- Den **Blätterteig** auf dem Backpapier auseinanderrollen, mit der **Konfitüre** bestreichen und die **Mandelblättchen** darüberstreuen (einige zum Garnieren beiseitelegen).
- Den **Teig** fest aufrollen, in 10 Scheiben schneiden und nebeneinander auf das Backblech legen.
- Mit übrigen **Mandeln** bestreuen. Im Mini-Ofen bei 230 °C (Ober-/Unterhitze) 30 Min. backen.

ZITRONENTARTE

Mini-Ofen:
20 Min.
Herkömmlicher Ofen:
20 Min. bei 200 °C

süßer Mürbeteig
1 x (rechteckig; Kühlregal)

Zitronen
3 x (davon 1 unbehandelt)

Eier
4 x

Zucker
1 Glas (100 g)

Butter
100 g

Puderzucker

Zubereitung: 5 Min.

0,40 €/Pers.

- **Butter** in der Mikrowelle bei 600 Watt 3 Min. schmelzen und mit Saft von 2 **Zitronen, Eiern** und **Zucker** mischen. **Teig** auf dem Backpapier auf dem Blech auseinanderrollen, Rand formen, die Masse eingießen. Unbehandelte **Zitrone** waschen, in dünne Scheiben schneiden und auflegen.
- Die Tarte im Mini-Ofen bei 230 °C (Ober-/Unterhitze) 20 Min. backen. Mit Puderzucker bestreuen.

KARAMELLISIERTE APFELSCHNECKEN

Mini-Ofen:
25 Min.
Herkömmlicher Ofen:
25 Min. bei 200 °C

Blätterteig, rechteckig
1 Rolle (Kühlregal)

Apfel
1 x

Zucker
2 EL

Zubereitung: 10 Min.

0,35 €/Pers.

- Den **Apfel** waschen, vierteln, entkernen und in dünne Spalten schneiden.
- Den **Teig** etwas größer ausrollen, mit 1 EL **Zucker** bestreuen und in 8 Streifen schneiden. Jeden Streifen mit **Apfelspalten** belegen und aufrollen.
- Mit übrigem **Zucker** bestreuen und auf den mit Backpapier belegten Ofenrost legen. Im Mini-Ofen bei 230 °C (Ober-/Unterhitze) 25 Min. backen.

TÖRTCHEN MIT SCHOKOSTÜCKEN

Mini-Ofen:
10 Min.
Herkömmlicher Ofen:
10 Min. bei 200 °C

Zartbitterschokolade
29 Stücke

weiche Butter
75 g

Ei
1 x

Mehl
3 EL

Zubereitung: 5 Min.

0,60 €/Pers.

• Die **Schokolade** grob hacken (vorher 4 Stücke beiseitelegen) und mit **Butter** in der Mikrowelle bei 600 Watt 3 Min. schmelzen.

• Nacheinander **Mehl** und **Ei** untermischen.

• Den **Schokoteig** in 2 ofenfeste Förmchen füllen und je 2 **Schokostücke** in die Mitte stecken.

• Im Mini-Ofen bei 230 °C (Ober-/Unterhitze) 10 Min. backen. Sofort servieren.

APFEL-BRIOCHE-AUFLAUF

Mini-Ofen:
30 Min.
Herkömmlicher Ofen:
30 Min. bei 200 °C

Apfel
1 x

Milch
2 ½ Gläser (250 ml)

Ei
1 x

Zucker
1 Glas

Brioche (Hefegebäck)
4 Scheiben

Zubereitung: 5 Min.
Einweichzeit: 5 Min.

0,45 €/Pers.

- Das **Ei** mit der Gabel verquirlen und **Milch** und **Zucker** hinzufügen. Die **Hefekuchenscheiben** halbieren und 5 Min. in der **Eiermilch** einweichen.
- Den **Apfel** vierteln, schälen, entkernen und in dünne Spalten schneiden. Mit dem eingeweichten **Hefekuchen** und der **Eiermilch** in einer Auflaufform verteilen. Im Mini-Ofen bei 230 °C (Ober-/Unterhitze) 30 Min. backen.

KARAMELLISIERTE ORANGEN-CRÊPES

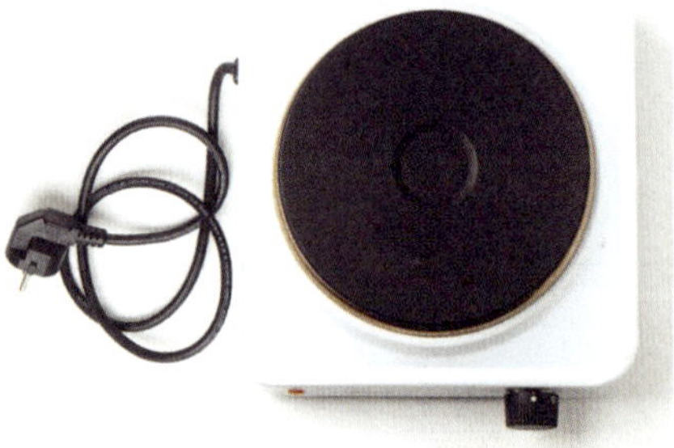

Herdplatte:
15 Min.

Crêpes
4 x (Fertigprodukt)

Orangensaft
2 Gläser (200 ml)

Würfelzucker
15 Stücke

Zubereitung: 5 Min.

0,30 €/Pers.

- In einer Pfanne die **Zuckerstücke** und den **Orangensaft** bei starker Hitze zum Kochen bringen. Dann alles noch 5 Min. garen.
- Die Hitze herunterschalten und die **Crêpes** im Orangensud 5 Min. erwärmen. Dabei so lange mit dem **Saft** begießen, bis er karamellisiert.

INHALT

Desserts

REZEPTREGISTER NACH ZUTATEN

I

K

L

SIMPLISSIME

AUSSERDEM IN DER REIHE ERHÄLTLICH:

Simplissime – Das einfachste Kochbuch der Welt
380 Seiten
19,5 x 25 cm
978-3-863**55-580**-1
€ 22,00 (D), € 22,70 (A)

Simplissime – Das einfachste Kochbuch der Welt - 200 neue Rezepte
384 Seiten
19,5 x 25 cm
978-3-863**55-846**-8
€ 22,00 (D), € 22,70 (A)

Bibliografische Information der Deutschen Bibliothek.

Die Deutsche Bibliothek verzeichnet diese Publikation in der deutschen Nationalbibliografie.
Detaillierte bibliografische Daten sind im Internet über http://www.dnb.de/ abrufbar.

EIN BUCH DER EDITION MICHAEL FISCHER

1. Auflage 2018

Erstveröffentlicht bei Hachette Livre (Hachette Pratique).

Titel der Originalausgabe:Le livre de cuisine pour étudiants le + facile du monde
Text und Fotos von Jean-François Mallet
Grafik-Design und Layout: Marie-Paule Jaulme

Aus dem Französischen übertragen von Katrin Korch, Baden-Baden
Lektorat: Kathrin Gritschneder, Tegernsee
Produktmanagement: Diana Jedrzejewski
Gesamtherstellung: Sarah Wilde

ISBN 978-3-96093-073-0

Printed in Spain, Estella Graficas, Carreta Estella, Tafalla Km 2, 31132 Villatuerta - Navarra

www.emf-verlag.de